大展好書 好書大展

大展好書 好書大展

命理與預言46

新大開運吉方位

小林祥晃／著
吳秋嬌／譯

大展出版社有限公司　印行

前言

我為了博取自己人生的大轉換與大飛躍，在一九八六年一月七日和兩位朋友一起到加拿大的邦夫（加拿大洛磯山中的溫泉鎮），並且待了八年。當時風水方位術的吉方位旅行，創造了今日的我。經過八年，現在再度來到邦夫。這一次是由三年來和我一起重複風水吉方位旅行，以神奇的速度在今年就任上市企業副社長的K先生共同前往。

這八年來，每當學習風水方位學，我的人生就會不斷地提昇。當然，對於掌管方位之神，深致謝意。

當時，和我一起待在邦夫溫泉的一位朋友，是夢見自己成為地方都市議員候選人的牙科醫師。另一位則是希望將自己的麵店更為提昇，擁有自己的品牌並將其連鎖化的夢想。他們相信我的方位學，而與我同行的。

但是，我卻認為自己的想法只不過好像繼承衣鉢的孩子一樣，我的意見、風水或家相的想法，世界通用。如果說一些想要解救世界的說法，相信每個人都會認為我是在自吹自擂，因為我還不到四十歲。而到了今年，就算在國內說『風水』『風水』，但是，當時卻無人能夠了解。

這八年來，我以風水為基礎，學習家相和方位學，並出版了風水術之書，在雜誌上撰稿，在電視節目中接受訪問，因而能夠將自己的意見傳達給衆人知道。而這也是因為我自己實行風水方位術，才能得到衆人的認同。

尤其在一九八六年一月到加拿大進行吉方位旅行（風水的開運旅行），對於我後來的人生產生了很大的改變。其後，拜實踐風水之賜，說了對大衆有所幫助的話，現在已稍具名氣了。

在一九八九年出版本書的原本『大開運吉方位』時，是在吉方位旅行處的八丈島執筆為文。後來『室內裝潢三部作』（室內擺設創好運、室內裝潢開運法、室內設計占卜）以及『利用風水力量大開運』、『開運大厦的家相』等成為暢銷書籍，本書也一直再版。

本書對我而言是回憶頗深的『大開運吉方位』的新訂版。在刷新時，為了讓更多的人享受人生，擁有幸運，因此，我注入自己的風水學精華，並更新資料，希望能幫助現代人，同時，自負這是一本具有實踐性的風水方位術書。

那麼，前述的八年前與我同行的朋友們，現在變得如何呢？首先就是那位牙醫，成為廣島縣的縣議員.;另一位則創立『陶右衛門』懷石料理，成為著名的餐廳老板。而我，相信各位都已經知道了，以某種意義來說，我可以說是利用風水方位術而成功的活生生證人。

我確信風水吉方位術是二十一世紀的開運法No.1。

現在遇到本書的你，可以說是得到了大機會。

人生只有一次，機會唯你所有。

如果不想白走一趟人生，那麼就依本書所言，實行風水方位學，召喚幸運吧！

相信八、九年後，你也會和我現在的情形一樣，心存感恩之心，感謝神佛以及風水的大開運吉方位。

一九九四年十月　改訂版發行之際

小林祥晃

目錄

第二章　宇宙神秘的規律——方位學

第三章　引導你成功的方位學

第四章　成功的方位、失敗的方位

第一章

勝者知道方位的能量

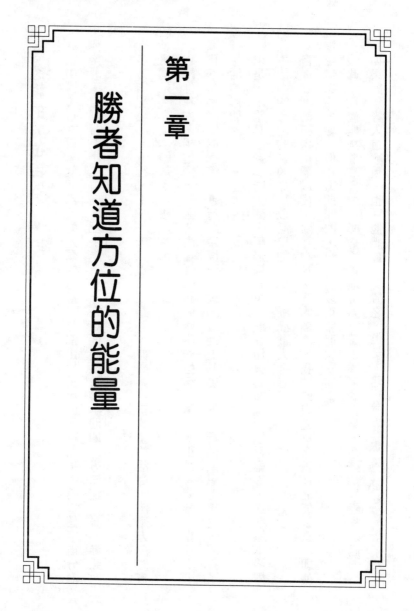

不容忽視的方位吉凶

在中國，自古以來就認為支配人類的力量，全都由於星星的運行而生。將這個宇宙分為東西南北，再細分為十二方向，配上十二支，在東西南北及其中間的八方向配八卦（參照次頁）。

各方向配陰陽、五行、十干、十二支、八卦等，並觀察宇宙能量的活動，決定方向的吉凶，這就是「方位」的基本想法。

包括你在內，相信國人都過著由這種思想所產生的生活循環。像正月、節分、立春……，我們在各個不同的季節，進行各項慶祝活動，以此為基礎，展現行動或思考事物，培養了這種生活的形態。

但是，不論是在過年時祈禱一年無病息災，或在節分時撒豆除厄召福等，這些原本積極納入生活中的方位的吉凶並加以活用的行為，漸漸被人遺忘了。

自從歐洲的科學東漸以後，隨著物質文明的潮流，我們的祖先拼命工作而能致富。即使是經過無數的考驗，但在短期間內，也能勇以克服而欣欣向榮。

因此，我們能夠謳歌自由，能夠不斷地努力，祈求國家的繁榮，這些都拜祖先之賜。

如果對年輕人這麼說，也許他們會一笑置之，但是，我認為這種想法一定要讓各位了解。

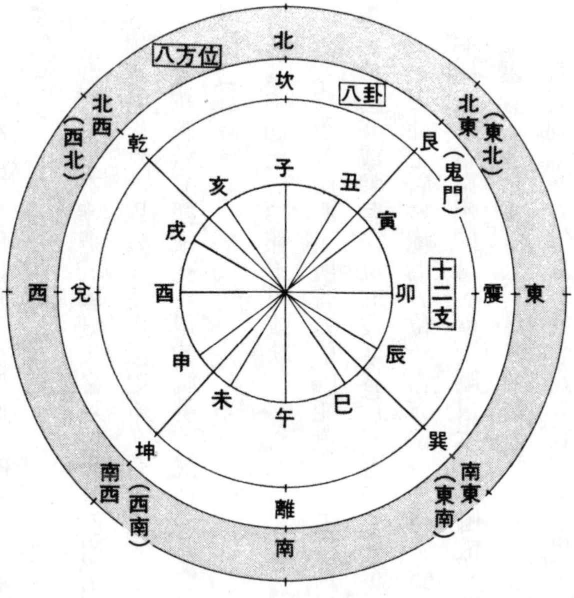

居住在如此幸福的國家，自古以來，就有我們固有的思想。

和睦相處、互助合作，是我們最大的主題。現在，我們卻忘了這個主題，朝著金錢狂奔，因而備受世人指責。

我們的祖先絕對不允許這種情況的發生。在我們應該回報祖先的今日，我們應該怎麼做呢？——我認為要建立幸福的國家，絕對需要風水的方位學。

充分吸收方位的能量

如果你能夠利用方位的力量而得到幸福，那麼，這個幸福必須要擴大到朋友、家人、學校、社會，希望藉此使國家和平。

方位存在著無窮盡的能量。但只有

能了解方位為何物，並有效加以應用的人，才能夠存在無窮盡的能量。

藉著利用方位的能量，促使個人的能量倍增，產生強大的力量，而別人是奪不走這種能量的。

我們生長在幸運的國度，必須要充分使用土地、國土、大地的能量、天上的能量、太陽、風水等自然的恩賜，使自己更新、活性化。

能夠有效發揮這些作用的關鍵，就在於方位。藉著了解方位，而使東西南北所有的能量為自己所擁有。

其中任何一項都不可或缺。

以自己為中心，所有方位的能量，要平等且配合目的巧妙地吸收。吸收的方法，包括朝著方位轉移或朝著方位的長期旅行。總之，一定要朝這種方位打開心扉。

到對自己有好處的方位（吉方位）去時，儘量要早起，享受朝陽。如有溫泉，最好能夠泡個溫泉；有泉水的話，就要喝泉水，赤腳散步在沙灘，朝著太陽垂下頭。

讓身心儘量接觸大自然，那是最好的。

為何到這些方位去，就能夠吸收到能量呢？同樣的太陽、同樣的風、同樣的國家、同樣的地球，為何會出現這種差異呢？這就是方位神奇處。也就是說，在自己展現行動的時候，身體所接觸的太陽、風的能量是不同的。

例如國人自古以來會利用泡澡的方法來紓解工作的疲倦，為了治病而會使用溫泉。也就是在不知不覺當中享受溶於溫水中的鐳等放射能量的時代，長時間持續著。

但是，我想說的是，溫泉最佳利用法就是開運。藉著進入溫泉，能使附著在身體的惡靈都去除。也就是靈驗顯著。像鹿、猴子等受傷的動物會暗地利用深山的溫水療傷。現在人類也學會並實踐這種方法。

在電視上經常介紹一些著名的溫泉區或美食節目。這一類節目深受歡迎，可能是來自上天的啟示，告訴我們要敞開胸懷來利用這些東西，更要重視自己，使自己得到幸福。

不要太在意芝麻綠豆大的小事。

使用「方位」的宰相、武將

歷史上一些名人學習方位學，並實際加以利用而成功的例子，屢見不鮮。

為各位介紹這些人物方位學上的傳聞。

●偏重鬼門方位的秦始皇

距今兩千多年前的中國，諸侯分立，是相當混亂的時代，從中逐漸嶄露頭角的，就是位在黃河兩岸的秦國。秦國的皇帝是始皇帝。

他是中國史上最初統一全國，從西元前二二一年開始稱始皇帝而即位的皇帝。

提到始皇帝，大家立刻想到的，就是焚書坑儒，建築萬里長城以及營造阿房宮。

焚書就是燒毀書本。坑就洞，儒則是儒者，也就是學者。

始皇帝對於經常批評自己政策的儒者四百六十四人掘洞將其活埋，為了統一思想，除了醫藥、農業、占卜以外的書籍，全都加以燒毀。

翌年，開始營造可以容納萬人的大宮殿，這就是阿房宮。

長年以來建築萬里長城以及營造阿房宮，對國民造成沈重的負擔。由於這些因素，秦國在始皇帝死後不到四年就滅亡了。

萬里長城位在他建都的咸陽東北的方位。以方位而言，東北是鬼門。

重視鬼門方位的始皇帝為了讓自己的子孫能夠長久成為皇帝，為了保有自己的財產，對於地靈等風水地理進行了處理而興建萬里長城。

過去的方位學將鬼門視為非常可怕的方位，有時使用過度，對於鬼門方位也會產生偏見。當鬼門的能量（東北）過強時，繼承人就會發生問題，因此，能量的均衡吸收十分重要。

結果，忽視這個能量平衡的始皇帝，無法為後繼者造福。

●注重方位的比叡山延暦寺的營造

鬼門的風俗習慣從朝鮮半島傳到日本，當時的權力者在建立京城的都城時，在鬼門方位營造比叡山延曆寺。

比叡山延潛寺建立於西元七八八年，平安遷都則為西元七九四年。各位讀者對於這個時間上的問題或許有所懷疑。

當時，花了很多的時間建立街道。考慮到與現在完全不同的自然地形、地理、水理、風理等，占卜者以此為基礎進行占卜，訂立都市計畫。這個方法不僅在日本，在當時北美大陸以外、東方以及包括歐洲在內，世界上的建築專家都加以使用。依此法則觀察方位，進行街道的建立。方位已經蔚成世界上各大都市營造的常識。

建立都市，首先要將自己所信仰的宗教的證——以我國而言，因為當時信奉佛教，所以重視寺院——在方位上，要配置在重要的位置來建立，考慮到大地能量平衡的問題，然後再遷都。因此，並不是建立京城的街道以後再建立比叡山延曆寺，而是採取完全相反的做法。

這個方法，後來也與在全國建立國分寺祈禱諸國安泰有關。

京都長久以來擁有都城的繁榮，就因為以方位而言能量均衡所致。這個想法在德川家康計畫江戶街道時也加以應用。

方位是建國的基本，是治國的帝王學。

●巧妙應用方位能量的德川家康

家康建築江戶城時，在表鬼門（東北）方位建立上野的寬永寺，在裡鬼門方位（西南）建立芝的增上寺，成為表鬼門與裡鬼門的守護者。而在其延長線上的鬼門方位，則配置水戶的德川家，在自己的出生地西南方位（裡鬼門）的尾張，配置尾州德川家，以及在其前方配置紀州德川家。

關於將軍職方面，如果自己沒有直系的繼承人，則從尾張或紀伊家中挑選出來。從尾張、紀伊來看江戶，是與鬼門方位並排的東方位。東方是太陽升起的方向，對於次代將軍而言是非常好的方位。天皇家的次代天皇，亦即皇太子的住所，稱為東宮御所，皇太子殿下稱為東宮。家康也想到這個問題而考慮方位能量。

家康並留下以下的遺言。

「為了守護東海道，要把我的遺體朝西埋在駿府的久能山。」

但是，事實上翌年二代將軍秀忠，以及三代將軍家光，卻在日光建造東照宮大寺院，並進行分骨。從江戶來看，日光朝正北方，子的方位，也就是最初埋骨的久能山，是屬於西南的申方位。

這個三合方位能量大增的想法，是家康巧妙使用北三合這種西南的申方位與北邊子方位和東南辰方位三方位，彌補江戶街道的能量缺點，以及彌補德川家將來不安而採用的方法。

只要看現在的東京，各位就能了解，關東平野雖然平衡，但是東南方位沒有土地。只有房總半島的鴨川附近形成東南方位，與其他的方位相比，較為狹窄，能量不足。

東南方位是能夠與廣泛世界相結合，容納世界流行的方位，是信用與交際的方位。對於預料到江戶德川幕府與他國的外交可能會產生齟齬的家康而言，想要藉著北三合而補充東南不足的能量，後來，又實行鎖國政策（巧妙使用申方位與子方位時，則會發生辰〈東南〉的能量）。因此，對德川家的將來來說，北方位能量是必要的。

在家康在世時，滅掉豐臣家的餘黨，在全國巧妙配置譜代、外樣大名，讓大名互相牽制，擁有完整中央集權體制的江戶幕府德川家，剩下最大的課題，就是各大名要能夠對德川家竭盡忠節，上下一心，絕對不會謀反。

知道此方位代表遵守上下人際關係秩序能量的家康，在日光這個關八州的北要地埋藏自己的骨頭，就是考慮到江戶街道地形能量的不平衡，以及大名對德川家的忠節心，藉著北三合方位而發揮方位的作用。

這是由中國傳到朝鮮的想法。如果自己祖先的骨頭能夠埋在充滿大地能量的良好場所，就能為子孫帶來幸福。家康就是參考這個中國風水地理，亦即屬於哲理的一部分而做了上述的決定。

此外，德川家就算是由其他家取代幕府的地位（大政奉還），而水戶的德川家也能產生將軍。因為從江戶來看，水戶的德川家相當於表鬼門。而從表鬼門進入江戶，對水戶而言，就是移到裡鬼門。

裡鬼門在方位學上表示「順從」，不會引起不必要的紛爭，處於順從的方位，對於即位的將軍而言，就能平安無事地將大政轉移到其他家。意味著不會引起不必要的紛爭。

事實上，德川幕府二百六十多年，繼任最後第十五代將軍職的是水戶藩主之子，成為一橋家養子的德川慶喜。

掌握天下的家康，是頭腦聰明的武將，十分了解方位，且能巧妙地利用。

因此，德川家巧妙利用了方位壓抑全國諸大名。無法為德川家犧牲奉獻的大名，則更換國度或移到方位不佳的地方，一旦產生問題，就將其擊潰，這就是德川利用方位的做法。包括參勤交替在內，巧妙使用方位的德川幕府的政策，在世界歷史上堪稱罕見的智慧政策。

雖然利用方位、了解方位，但是如果惡用而使他人產生痛苦，則報應一定會回到惡用者身上。

但是，德川家祈求國家的太平，避免內亂，因此，並未受到惡報。

●了解德川家鬼門的伊達政宗

伊達政宗是一位武將。

事實上，他也是一位精通方位的武將。

政宗在以仙台的青葉城為居城之前，是以米澤為根據地。他有獨眼龍之稱，單眼失明。雖然幼年一眼失明，但這也符合南方位的障礙（南方位在人體的頭、耳、眼、鼻出現現象）的說法。

因此，他很嚮往南方。對於罹患眼疾的他而言，南邊是明亮的方位。所以，他一直希望能從米澤遷移到南方位的會津。

但是，南方位也是「審判」的方位，亦即會揭露以往所做的惡事，或將想法暴露出來的方位。

年輕時的政宗，來到南方位時，觸怒豐臣秀吉，數度陷入窘境。於是，政宗下定決心，在德川擁有天下時，決定好成為吉方的時日，將居城遷移到對一白卯年生的他而言，屬於吉方的東方位（卯方位）的仙台。後來，又在仙台內相學於南方位的地方建立了青葉城。

藉著移向東、移向南，他成功地取得南方的能量。雖然做法不同，但這也是巧妙使用方位達到自己目的的典型。

他和德川家康一樣，十分了解方位。首先他知道仙台是由德川的江戶看來相當於鬼門的位置。

所以，他知道即使德川家侵入鬼門，也不會進攻仙台。

從江戸的德川來看，在水戸前方的仙台的伊達是一大威脅。但從伊達的眼中看來，德川是裡鬼門，到他那兒去，是表示服從。

就這樣，雙方處於完全無法動彈的狀態，然而藉著方位之賜，伊達在江戸幕府二百六十多年內，並未從仙台遷移。

●北邊的能量產生「吉」作用的前田利家

加賀藩之祖，前田利家是豐臣秀吉的五大老之一，當時，是與德川家康並肩作戰的大名。豐臣家滅亡之後，他侍奉家康，而前田家也和伊達家將居城建在仙台一樣，從德川幕府開始到最後為止，一直以金澤為居城。

以方位學而言，從尾張來看，金澤在北方位，將居城移到北方位，就表示「誓死效忠，不會逾越」，因此，能量產生了好結果。

此外，從江戸看金澤，在西北方位。西北方位是地位較高的方位。

因此，即使是擁有天下的德川家，也無法侵略將居城建在西北方位的前田家。

●江戶町奉行也知道方位——刑罰的遠島與方位

在電視劇中曾經出現這般的台詞，「……那麼就流放到遠島去，這次審判告一段落。」這兒所謂的「遠島」，大致是指伊豆七島。在伊豆七島當中，從江戶來看，八丈島是在南邊。

南意味著「離」，離得越遠，就越能遠離罪惡。因此，南邊的八丈島，對於流放的吉凶而言，十分重要，稍後會為各位說明。如果南方位是暗劍殺凶方位，則到達八丈島之前才遇難的機率較高。

但是，依每一個流放者的不同，吉凶也有不同。對某個流放者而言，若是吉方位，則可能藉著恩赦、特赦而回到本土。

當成審判場所的白洲，也是觀察方位才建立的地方。這個方位具有審判的能量，是能夠明白指出「你已經被這個社會放棄了」的方位。

我們就以現在的情形來敍述一下罪與方位吧！

我們看看因為受賄事件而成為被告的田中角榮。田中的豪門宅邸庭院中有著名的大池。這個池的方位，以正屋來看，在南方的位置。

前曾提及，南表「離」。此外，也有「火」的意思。這是「壞事畢露」、「頭部出現疾病（他因為腦充血疾病而痛苦）」的重要方位。而田中先生的不幸，則是由於「火（南方位）

」與「水（池）」爭執的結果而形成的。

田中先生是本命星一白午年的人，為水性人。原本「南」對他而言是容易受傷的方位，而又有池侵入（既然是一白的人，水就是自己），故其結果顯而易現。

此外，有末代首相之稱，非常倒楣的北海道的**中川一郎**先生的庭院，也擁有和田中宅邸同方位的池子。

要從事大事業，一旦著手時，力量暫時減少，就會使南邊的火氣與池的水氣產生凶作用，對自己或遭遇都會引起大變動。

自古以來，方位學就有「在自宅庭院的南方位不可建立池子」之說。

其次，因為里克爾特公司事件而捲入政官界大漩渦中的**江副浩正**先生，出生於一九三六年，本命一白水星，為關西人。

他在東京成就大事業，這是因為從他的出身地大阪來看，東京相當於東方位，藉著遷移到東方位，他得到了東方位的能量（年輕、新構想、情報、電影、電話、音樂），並能巧妙加以利用。

東方位是三碧木氣的方位，對於一白的他來說，乃是吉方位。

在檢討里克爾公司的工作內容時，就可了解東卯的工作（情報產業）不斷地發展，他的業績是利用東三合。但是，東的能量為單方向，有可能一代就結束了。

原本，東三合發源於亥（戌亥•西北）的方位能量（神佛或祖先的力量），利用卯（東）方位能量（情報、通信）而發展，利用未（未申•西南）的方位能量（不動產）而得利，應該要回饋給國家與大衆，才能使繁榮綿延到末代。

他利用東方位能量而得到東西，原本應該還原給社會。但是，他並沒有這麽做，利用不動產而得到更高的利益。因此，在一代就結束了繁華。

利用東方位能量得到成功後，最重要的是，要充分地擴張大地，亦即根。原本應該要感謝神佛，回饋給國家，但他卻沒有這麽做，只注意要拼命紮根，不斷地奔走於財政界。

不知道到底是否了解，總之，這位暴發性利用方位能量的人，卻忘記了方位能量是天的法則。當然，報應就會加身。因此，以公司來看，一白本命的他最難應付的南方位的川崎車站前土地的事件，也是由於方位能量做祟而導致的不幸。

●向澤庵和尚學習方位運氣的宮本武藏

澤庵和尚是江戶初期臨濟宗的名僧。

澤庵和尚在劍聖宮本武藏造訪時，首先說：

「武藏啊！你要巧妙使用東西南北的運氣喲！」

後來，武藏與宿敵佐佐木小次郎決鬥，武藏故意拖延時間到達決鬥場巖流島。拖延時間

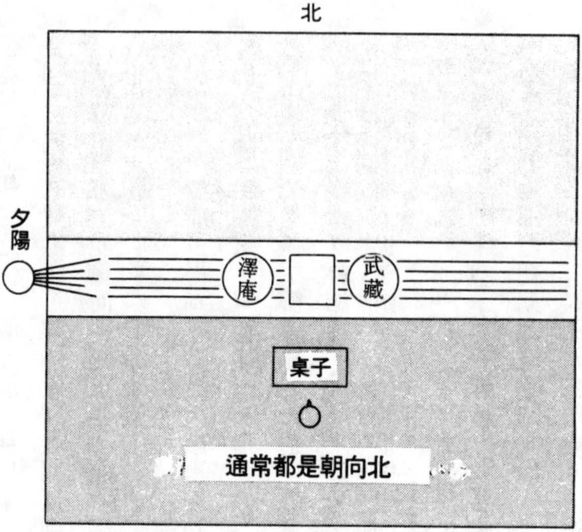

是有其理由存在的。因為武藏這時已經學會了背對夕陽決鬥有利於己的方法。

澤庵和尚當時在京都大德寺的大仙院。大仙院的書庫是澤庵和尚的房間。

面對房間北邊有長廊，北側有庭院。澤庵和尚將桌子面對長廊擺設，面朝北邊讀書。

在方位學上，認為北是冷靜的意思。為了能夠靜心閱讀，因此需要冷靜。

書庫在大仙院的最北側，北側有長廊，對面有庭院的房間，就是澤庵和尚的房間。

武藏未拜訪澤庵和尚時，和尚背對著西邊。當然武藏就必須要坐東朝西。當時，這是理所當然的做法。因為西為長者，東為晚輩坐的位置。

和尚和武藏談話之際，漸漸地，夕陽西下，和尚背對著夕陽而坐。

武藏則因夕陽之故，無法看清和尙的姿勢。這時，和尙說：

「知道了嗎？」

因此，武藏故意拖延時間到巖流島，等待夕陽西下的時候，背對夕陽而戰，結果獲勝。

即使是被譽為劍聖的宮本武藏，也出現了關於這種方位的傳聞。

第二章
宇宙神秘的規律——方位學

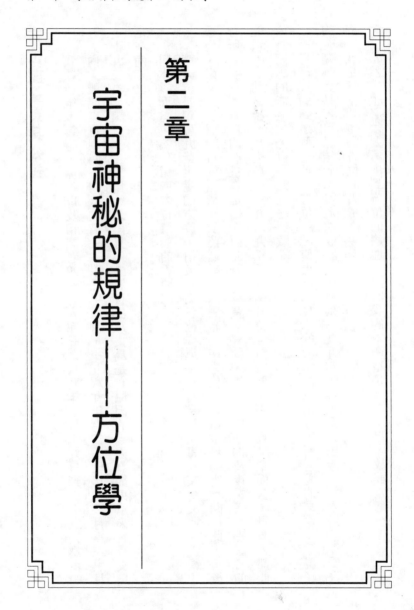

方位能量與其公式

我在執筆本書時，編輯以及相關者四、五人在一九八九年二月十九日到二十三日為止的五天內，離開東京到南方的八丈島去。以九星而言，一九八九年為二黑巳年，二月爲二黑月，十九日為二黑日。二黑年、二黑月、二黑日去八丈島是有原因的。因為從東京來看八丈島是在南方位。

對本書而言，為什麼南方位這般的重要呢？

南方位是定位九紫火星的方位，稍後會為各位詳述，具有掌管企畫、文化文明、美術、藝術、文學、法則的方位能量。依照遁行，二黑時，南方位有六白金星迴座（關於此，稍後有所說明）。六白的能量為定位。西北氣，具有掌管神、佛、天的法則及後援者、主辦者的能量。也就是說，八丈島（一九八九年二月南方位）對於要企劃或寫文章而言，具有天都能成為同志的能量，尤以十九日達到顛峰。

自己移動到這個土地（方位），使得沒有文才的我也能寫出大家所喜愛的文章，浮現好的企劃，真是不可思議。本書這次改訂，以及到一九九四年春天為止出版二十本書，深受好評，就是拜當時這個方位的力量之賜。

當然，也必須要考慮到方位的適性。因為我的本命星是八白土星，故非常適合。

基本上，方位要以你與生俱來的氣（本命）與方位能量的適合來考慮，而且儘量花長時間來培養，最為重要。但對忙碌的現代人而言，時間是最重要的，所以在進行時，任何人都希望能在短時間內充分吸收方位能量。**小林流方位學**非常重視這一點。

能量的強度，有一定的公式。

能量的強弱＝移動的方位距離×停留日數

對照這個公式，曾產生最強烈的能量時，就要在好的方位建立家園或搬家。僅是住在那兒，就能使能量日增。即使不搬家，也可以一直停留在那裡。

因此，同樣是南方，但是關島離八丈島更長，例如如果導出10的話，八丈島如為2，則需要停留5天，就會成為10。但是關島為5，則只要停留2天，就能夠成為10。這就是能量吸收強弱的一個公式。

最好能夠巧妙應用當地所生產的食物、溫泉、太陽、水等能量。結果，形成如下的公式。

能量的強弱＝移動的方位距離＝停留日數＝（食物＋溫泉＋……）

因此，這個能量就能多達二次方或多次方。

以往的方位應用，是選擇艮辰吉日移動即可。但不僅是如此，在前往的時候，要選擇適合的服裝、顏色，同時，也包含這些食物的因素，在去了之後，也要展現適當的行動。

像這些食物或穿著的衣物、停留場所、出去觀光的場所等行為，以及旅行時所做的事情等，會帶來艮好影響的方法，就是我以全新風水為基礎的行動學、方位學。

如果要以方位學拓展命運，則有如下的情況。

我的妻子常說：

「每當東京發生震度四級以上強烈地震時，真的是很奇怪，你一定不在東京。」

而我對妻子這麼說：

「雖然我不知道會發生地震，但我不會遇到災害。因為在很久之前，為了不遇到災害，我就犧牲了好的方位能量。因此，不會遭遇災害，孩子也能夠健康地成長。不僅是我，連妳和孩子也不要緊。小林家雖不具顯赫的家世，然而這種生活方式，持續三代，一定能夠擁有名門的家世。雖然沒有財產，但要成為名門，這是最好的做法。

這都是方位的智慧。現代社會可說是『下剋上的時代』，即使是無名的人，使用智慧，都一定能夠站在頂端。

因為方位學是帝王學，考慮到將來的問題，現在一定要了解這種學問。」

在害怕地震之前，只要培養即使遇到地震也不會死亡的幸運就夠了。只要利用方位能量，不僅是地震，對於任何的災厄，都能迎刃而解。

不要只看壞的一面，壞事有時能假借自己之手，成為轉禍為福的方法。

方位的基本知識——方位與九星

●方位的看法

方位共有東、西、南、北這「四正方位」，以及東北、東南、西北、西南的「四隅方位」，共八方位。如次頁的圖所示，四正方位各自為三〇度，四隅方位各自為六〇度。

你在使用方位時，從你現在所居住的場所來看，例如北邊為吉方位，則用地圖確記北方，如果在那兒迴座的星所具有的能量要素正如你所想要的，則把它當成吉方位來使用。

但需要注意的是，小林流方位學所謂的北，是磁石所指的「磁北」。以東京為例，六度十七分不是正北，而是「磁北」朝西邊擺盪。

因此，與地圖上相比，或多或少東西南北都會有差距。所謂的北，是指自然界的北，就是磁北，與地圖所描繪的正北是不同的。

方位學以這個方位的決定為一切的基本。

如果方位弄錯，吉方可能會成為凶方，需加注意。

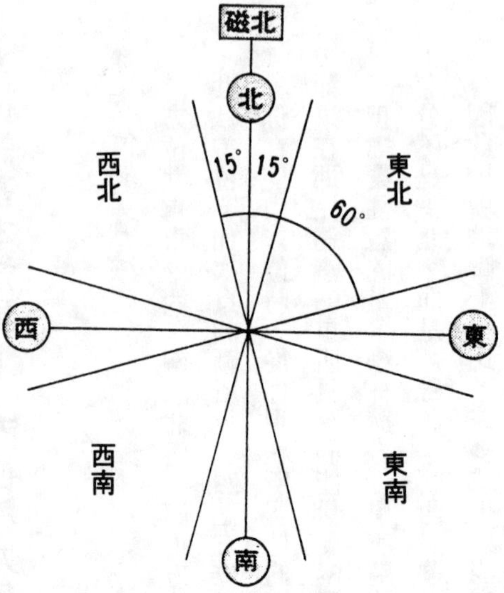

◎為四正方位，其它為四隅方位

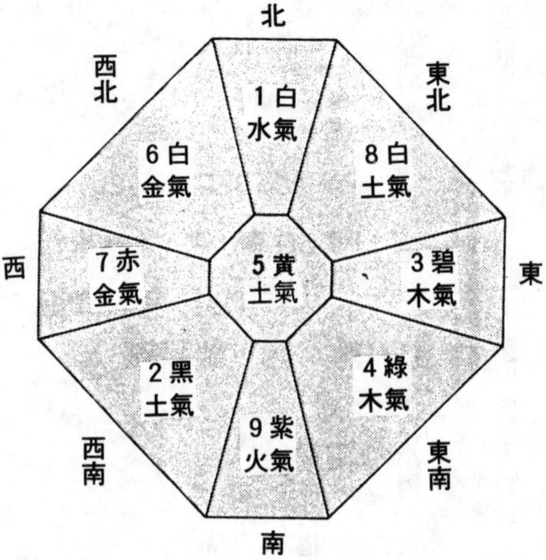

定盤（定位）

●關於九星

請看前一頁的下段圖。

這是表示九星與八方位的位置關係。四正方位是東、西、南、北，依序為三碧木星、七赤金星、九紫火星、一白水星；而四隅方位的東南、西南、西北、東北，各自有四綠木星、二黑土星、六白金星、八白土星，正中央有五黃土星，稱為定盤（各個星在定位迴座）。

但在曆上，正中央的星每年都會改變。今年在中央的星，翌年會朝西北，再翌年會朝西運轉，到了第十年時，又會回到原先的場所。這種星的移動，稱爲遁行。加以整理，如次頁的圖所示。

關於星的運轉，41、42頁刊載的是從一九八九年開始十二年內的方位年盤。每十年會出現同樣的盤，各位務必要了解這一點。

這個九星的位置，依每年當年的節分（二十四節氣之一。在太陽的黃經到達三一五度時為立春，相當於陽曆的二月四日，節分則指其前一天）為交界而改變。這是來自中國對於曆的想法而形成的方位學，在此不必詳細了解，故省略不提。

你在觀察這一年的九星位置時，最重要的是「以節分為交界新的一年開始了」。

遁行圖

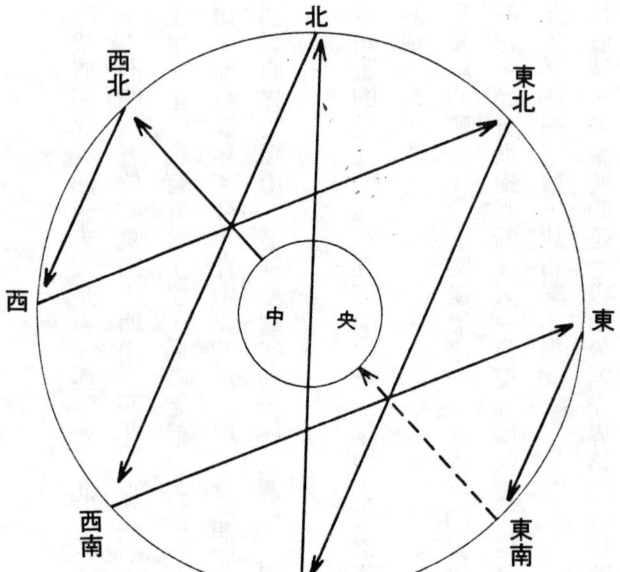

星	性質
一白	水性
二黑	土性
三碧	木性
四綠	木性
五黃	土性
六白	金性
七赤	金性
八白	土性
九紫	火性

不要忘記這一點。

●九星與「五行」

九星各自具有五種不同的氣的特性（性質）。如上表所示。

這個性質為木、火、土、金、水這五項，稱為「五行」。這五項是組成萬物的五種根據的「氣」。

五行各自配置兩個兄與弟，成為十干，如次頁的表所示。

本命星（出生年星）與出生月星

你知道自己出生的九星是什麼嗎？

所謂本命星，則是九星當中在此人出生之年配置於中央的星。

例如一九八九年出生的話，則以二黑土星為本命星。

這時，星會隨著該年的節分而移動，不要忘記這一點。如果你的孩子出生於一九八一年二月一日，則這個孩子的本命星就是一九八〇年的星。

水		金		土		火		木		五行
弟	兄	弟	兄	弟	兄	弟	兄	弟	兄	
癸	壬	辛	庚	己	戊	丁	丙	乙	甲	十干
—	＋	—	＋	—	＋	—	＋	—	＋	陰(—) 陽(＋)

水	土	金	金	土	火	火	土	木	木	土	水	五行
亥	戌	酉	申	未	午	巳	辰	卯	寅	丑	子	十二支
—	＋	—	＋	—	＋	—	＋	—	＋	—	＋	陰(—) 陽(＋)

1992年
八白申年

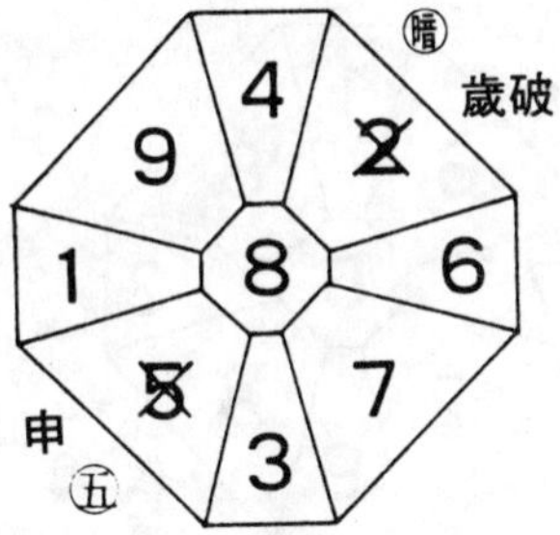

1989年
二黑巳年

1993年
七赤酉年

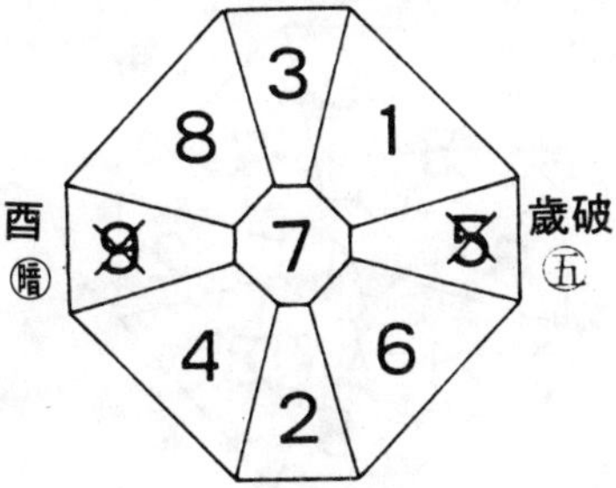

1990年
一白午年

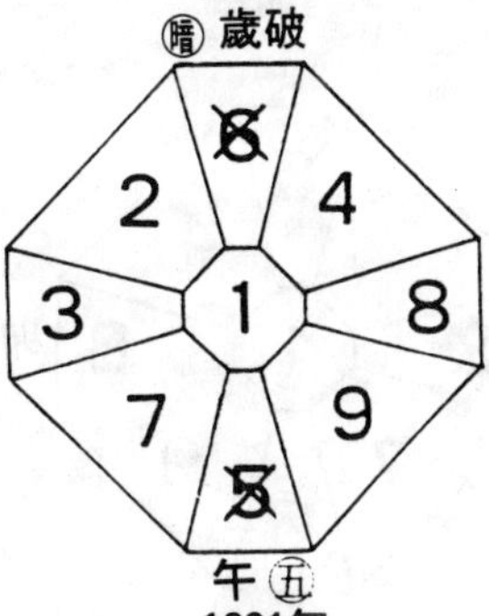

1994年
六白戌年

1991年
九紫未年

九星方位為凶方位 る

1995年
五寅亥年

1996年
四綠子年

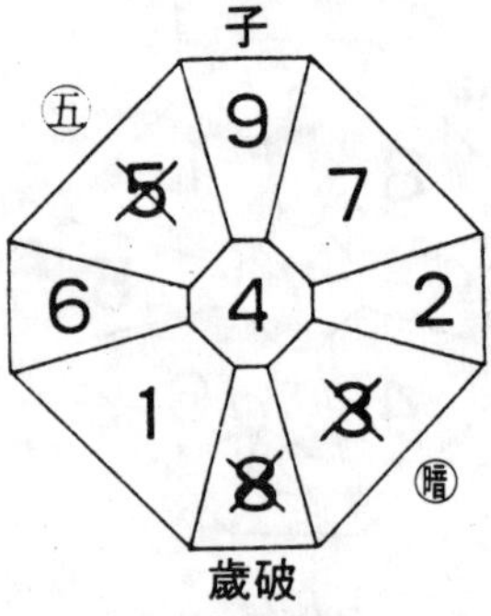

1997年
三碧丑年

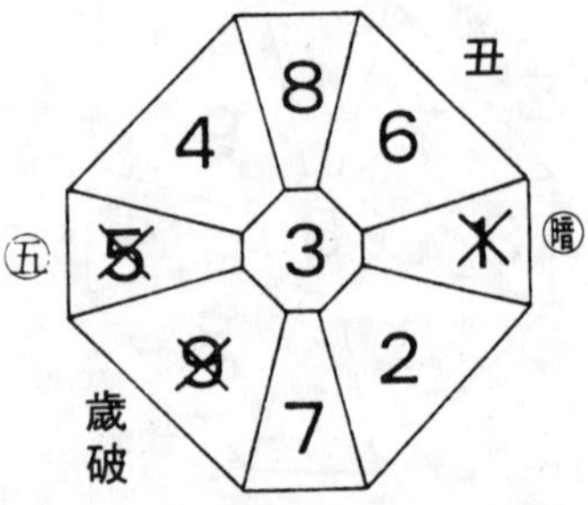

1998年
二黑寅年

1999年
一白卯年

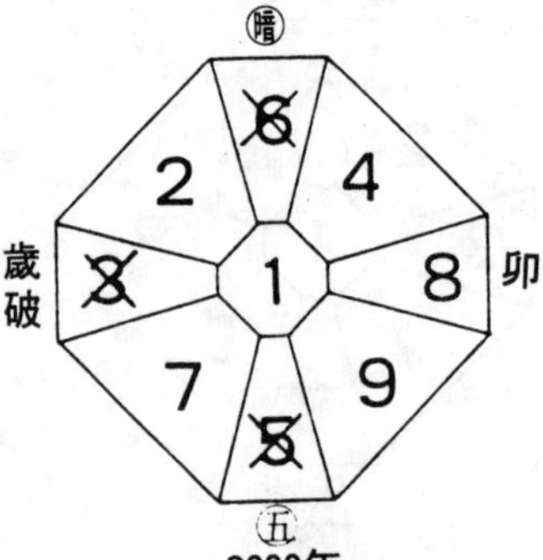

2000年
九紫辰年

本命殺是以各人出生年的

九　星　表（本命星）

九紫火星	八白土星	七赤金星	六白金星	五黃土星	四綠木星	三碧木星	二黑土星	一白水星
一九六八	一九一一	一九一二	一九一三	一九一四	一九一五	一九〇七	一九〇八	一九〇九
一九一九	一九二〇	一九二一	一九二二	一九二三	一九二四	一九一六	一九一七	一九一八
一九二八	一九二九	一九三〇	一九三一	一九三二	一九三三	一九二五	一九二六	一九二七
一九三七	一九三八	一九三九	一九四〇	一九四一	一九四二	一九三四	一九三五	一九三六
一九四六	一九四七	一九四八	一九四九	一九五〇	一九五一	一九四三	一九四四	一九四五
一九五五	一九五六	一九五七	一九五八	一九五九	一九六〇	一九五二	一九五三	一九五四

一白水星	一九六三	一九七二	一九八一	一九九〇	一九九九
二黑土星	一九六二	一九七一	一九八〇	一九八九	一九九八
三碧木星	一九六一	一九七〇	一九七九	一九八八	一九九七
四綠木星	一九六九	一九七八	一九八七	一九九六	二〇〇五
五黃土星	一九六八	一九七七	一九八六	一九九五	二〇〇四
六白金星	一九六七	一九七六	一九八五	一九九四	二〇〇三
七赤金星	一九六六	一九七五	一九八四	一九九三	二〇〇二
八白土星	一九六五	一九七四	一九八三	一九九二	二〇〇一
九紫火星	一九六四	一九七三	一九八二	一九九一	二〇〇〇

〈注意〉

本命星的一年，是從立春開始到節分為止。例如，1955年2月1日出生的人，因為是在立春前出生，所以視為1954年出生。同理，1956年2月1日出生的人，則視為1955年出生。

方位與十二支

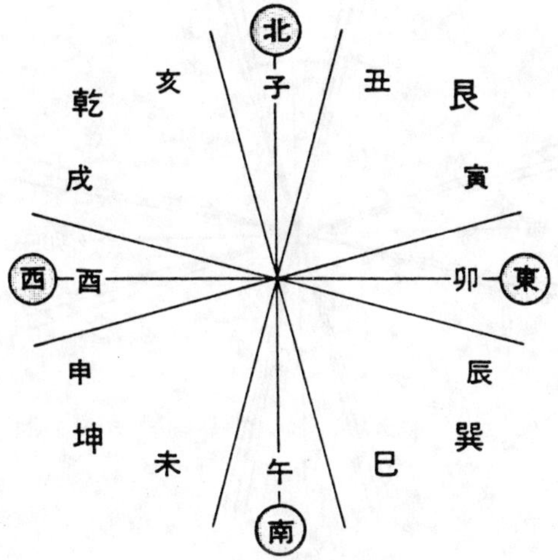

方位與十二支

其次，用方位對照十二支。看本頁的圖，各位就知道十二支最初的子是在北方。看曆法時，會發現每個月配置的十二支如下。

一月——丑　七月——未
二月——寅　八月——申
三月——卯　九月——酉
四月——辰　十月——戌
五月——巳　十一月——亥
六月——午　十二月——子

月的十二支，每年不變。

丑寅的交界（參照上圖）處有節分、立春。會重複出現，而方位學上，認為十二月並非一年的結束，一月與二月的交界以節分來畫分。

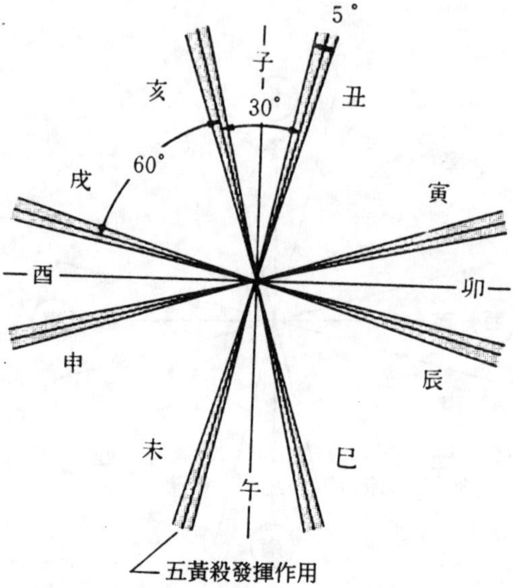

在中國，將立春前後視為正月，進行盛大的慶祝，以能量而言，這是正確的做法。

此外，表鬼門經常稱為艮方位。這是意味著子與寅的方位。東南寫為巽，這是辰與巳的方位。裡鬼門是坤，為未與申的方位。西北的方位為乾，相當於十二支中的戌與亥。

談到方位時，在畫分各方位的交界線附近五黃殺的凶意作用會發揮功能，因此，要去除交界線前後五度的範圍。地圖的偏差或想法的偏差會產生不同的現象，總之，在這五度的範圍，即使是吉方位，也要小心地去除。

為了小心起見，基本上是採取正中央的吉方位（參照上圖）。

以上是觀察方位時大致的知識。

八方位的作用

1994年
六白戌年
東氣迴座的方位

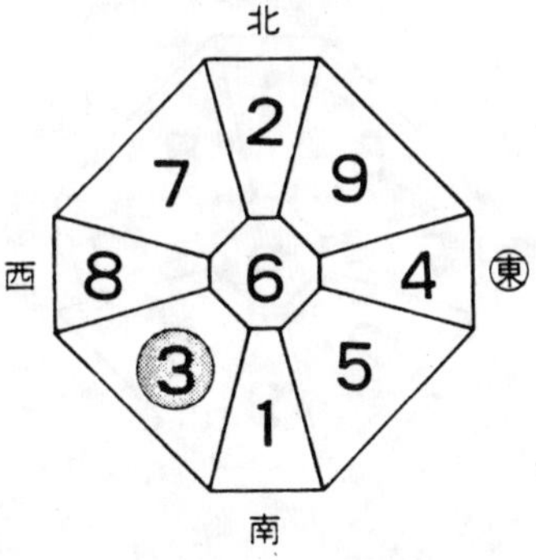

有的人想要利用方位得到健康，有的人想要得到金錢，有的人想要得到婚姻，有的人想要得到玩伴，有的人想要得到事業，有的人想要讓孩子進好的學校……。

每個人都擁有不同的願望或希望。而為了實現這些心願，到底要採取哪種方位較好呢？為此，必須要了解各方位（**定位**）的作用。

【東】……語學進步，掌握出世運！

這個方位為三碧木星。你使用東方位，或三碧依年盤、月盤的遁行而使用迴座方位時，就擁有旭日東昇的能量，產生實行新希望或計畫的元氣，吸收創造開始起步或下達號令等關鍵的能源。

如果你無法掌握開始著手進行新事物的關鍵時，則務必要使用這個方位。

此外，也具有高速度的現象，使用這個方位，凡事皆可快速進行。以往無法展露的你的才能或能量都能夠表現出來，能夠掌握出世運。

又，如果現在你缺乏幹勁，無法巧妙地發言，計畫好的事情沒有進展，則原因多半是過去的東或三碧凶方位的

1995年
五黃亥年
東氣迴座的方位

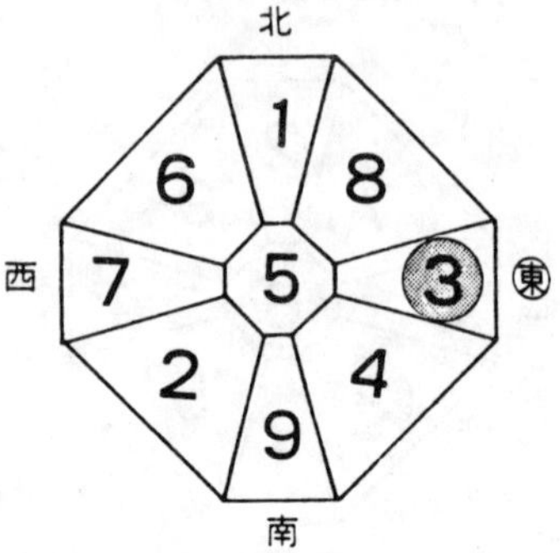

1996年
四綠子年
東氣迴座的方位

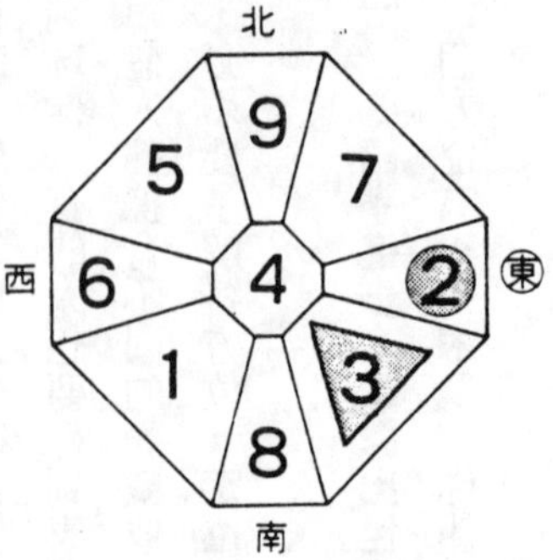

利用所造成的。

在此，我們一邊說明迴座，一邊考慮改變運氣的方法。

迴座

一九九四年，東的能量宿於如下的方位。東方位（一直不變）以及西南方位有三碧迴座，因此，朝西南方位前往，就能得到東三碧的能量。

也就是說，「東之氣」是在表示定位的東與東氣的三碧木星（氣）迴座的西南方位的二處（二方位）。（圖中的○是此星迴座的方位。△是迴座，但因暗劍殺、五黃殺、歲破而應避開的方位。）

因此，到了一九九五年時，如上圖所示，前年在西南的三碧（③）繞到東方。而東的能量宿於東方位的三碧方位。像這種③的移動，稱為遁行；而旋轉或位置，則稱為迴座。

因此，為三碧迴座於東，搬到西南就職的話，就能夠

1995年
五黃亥年
東南氣迴座的方位

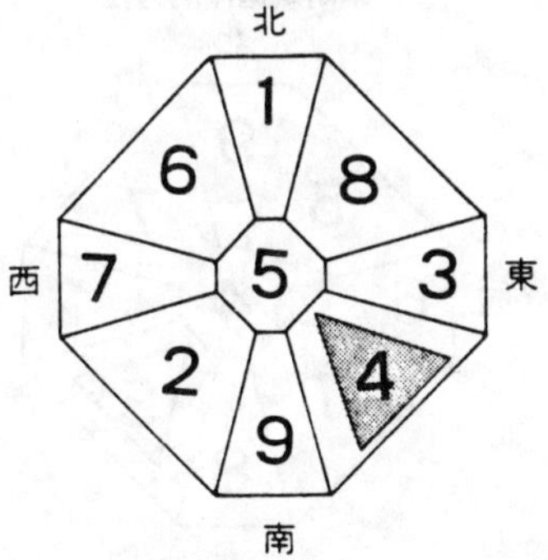

1994年
六白戌年
東南氣迴座的方位

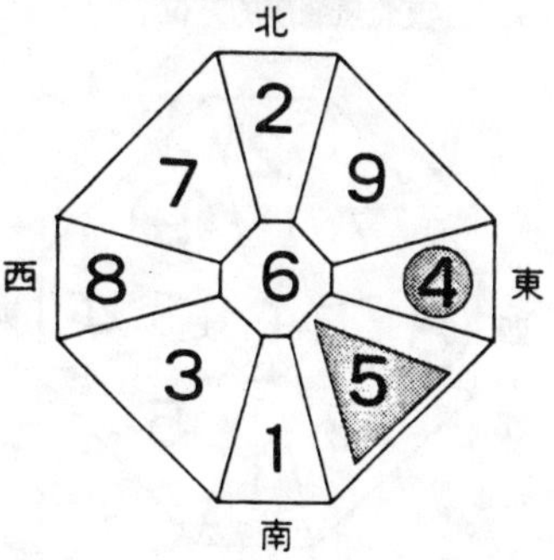

吸收到東的力量。此外，利用月盤的三碧迴座方位亦可，但是力量不如年盤、定位的力量那般強大。

想要語學進步，想要培養充滿元氣、活潑開朗的孩子，則東或三碧迴座的方位對你而言是吉方位，請多利用。

【東南】……結婚運、交際運提昇

四綠木星的方位。為風的方位，具有清爽的氣氛。最大的特徵，即是能夠提昇結婚運、交際運。尤其女性，年輕即可得到良緣，故一定要大量吸收這個方位的能量。

清爽的風、人類的信賴、流行等能量，在此都具備了。對於旅行，也能產生好的感性。任何事都能夠順利發展，擁有穩定的性格。同時，金錢擁有餘裕，是能得到金錢運的方位。

同時，也能夠得到健康，擁有讓周邊人既羨慕又嫉妒的幸運。

1994年
六白戌年
東北氣迴座的方位

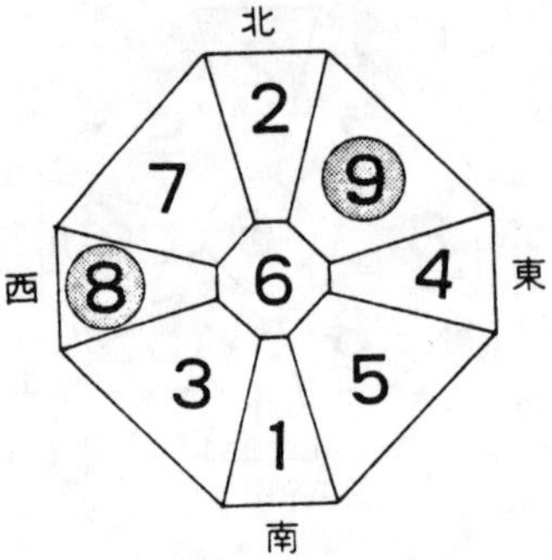

1996年
四綠子年
東南氣迴座的方位

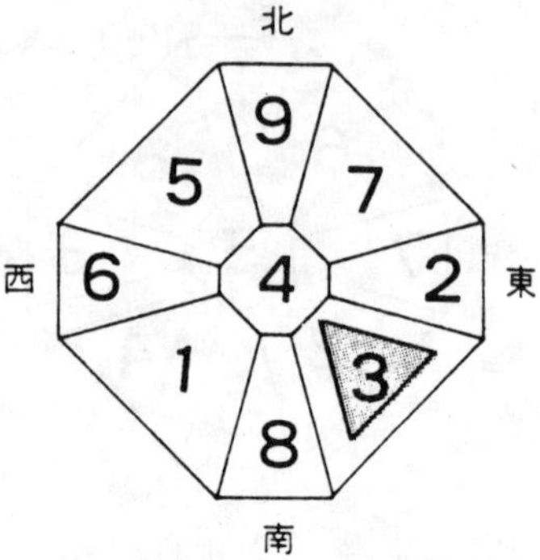

如果因為緣份遠離或人際關係及流言蜚語而讓你感到煩惱，則原因可能在於過去的東西方位或四綠方位，即在凶方位時你所展現的行動所致。

一九九四年的方位年盤（上頁圖），顯示定位的東南或四綠迴座的東方位能夠吸收到東南的能量，但是東南為五黃殺凶方位，四綠可以迴座的東方位吸收。

一九九五年，四綠為定位的東南。一九九六年，四綠為中宮，故無方位，而定位的東南為暗劍殺凶方位（後述），宜遠離。

【東北】……希望改變自己的人

八白土星的方位。

這個方位是變化、革命的方位。可說是一個轉捩點。

不滿意現在的自己，希望改變自己的人，當這個方位是吉方時，可以利用。相信你會發現一個與以往完全不同的嶄新自我。

1995年
五黃亥年
東北氣迴座的方位

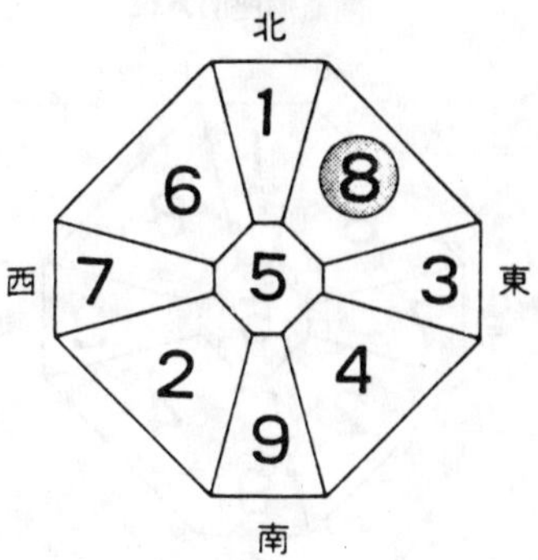

1996年
四綠子年
東北氣迴座的方位

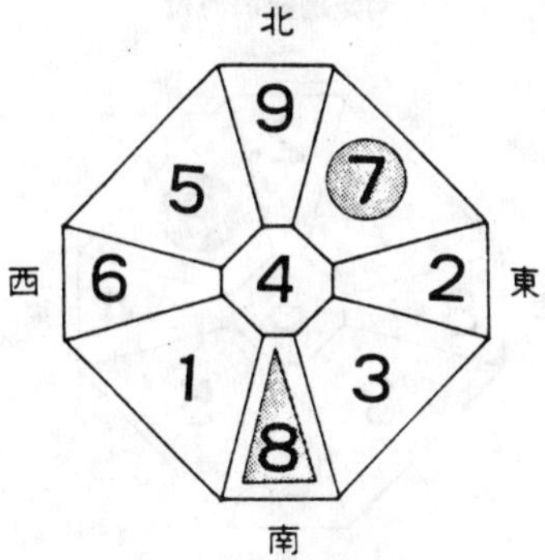

此外，這個方位是持續擁有強大影響力的方位，如果你因為繼承家業的兒子或養子而感到苦惱時，請吸收這個方位的能量。

然而，這個方位有土氣與山的土象，稱為鬼門（丑寅），一旦惡用，就會因意外事故而受傷。但同時也是掌管財運、金運等的重要方位。

容易受傷或因為調職、移動而受損，或大量流失金錢而困擾時，就表示過去東北或八白的凶方位的作用出現了。

這些人請看一九九四年的方位年盤，看看東北方位或八白氣迴座在何處。這時，就會發現在定位的東北有九紫迴座。西邊迴座的是八白，這兩個方位能夠吸收到東北的能量。

請看一九九五年的方位年盤。定位的東北有八白迴座。可利用東北方位吸收力量。

請看一九九六年的方位年盤。這一年，定位的東北與八白繞到南邊，因此，南為歲破，只有東北有好運。

1994年
六白戌年
南氣迴座的方位

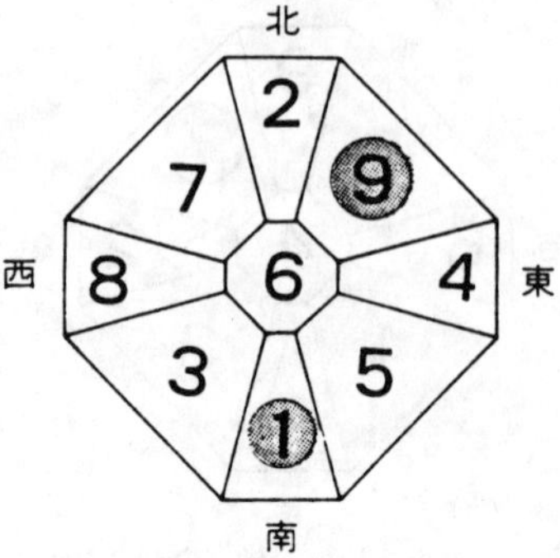

1995年
五黃亥年
南氣迴座的方位

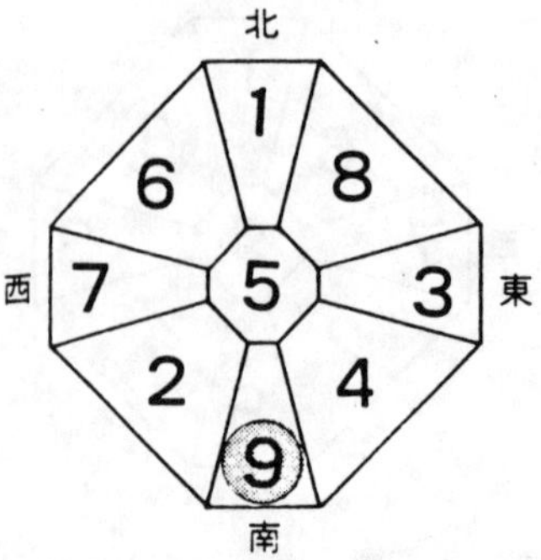

【南】……高貴與靈感的泉湧！

九紫方位。得到美麗、美貌、教養、美術、才藝、美感、靈感等和技術的恩惠。可是，也具有「離」、「反覆」之意。因此，要使用這個方位兩次。新婚旅行不適合這個方位，有可能因此而離婚。

過去隱藏之事表現於外，或引起糾紛的方位。想在政治或演藝界獲得成功的人，一定要大量吸收這個能量。能夠提昇文才，並獲得美貌。

但是，也許你想和這個人和睦相處時，可能兩個人會分開，或重複出錯，或是在文件、契約上遇到了很多的阻礙，無法心想事成。這時，可能是過去的南或九紫的凶方位出現作用

1996年
四綠子年
南氣迴座的方位

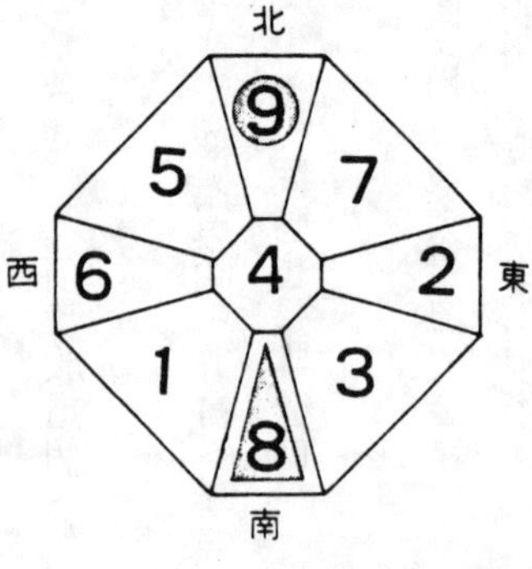

1994年
六白戌年
西南氣迴座的方位

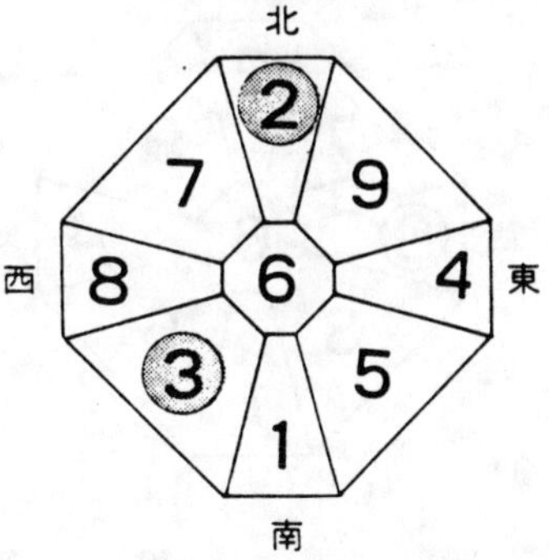

1995年
五黃亥年
西南氣迴座的方位

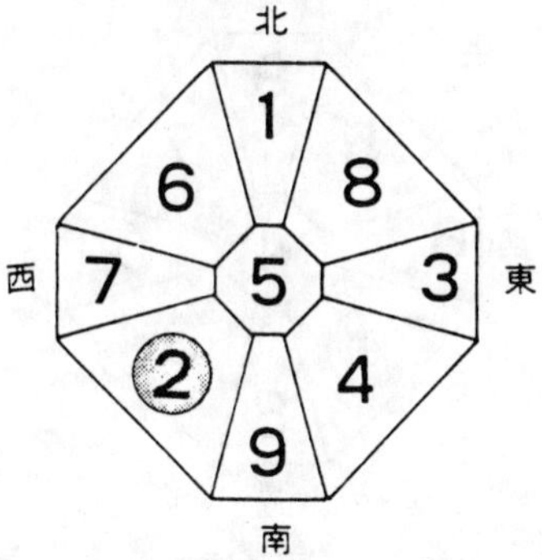

所致。

此時，只要趕緊巧妙地吸收南或九紫的吉方位力量，就能得到順利。

從一九九四年的方位年盤，找出可以吸收到南氣的方位。定位為南方位，以及迴座於東北的九紫方位這兩個方位。

兩者都不是凶方位。

一九九五年，則只有定位的南方位。

一九九六年，定位的南方為歲破凶方位。九紫迴座於北，所以能在北方位吸收到能量。

【西南】……追求家庭圓滿或想要與妻子重修舊好的人

二黑土星的方位。

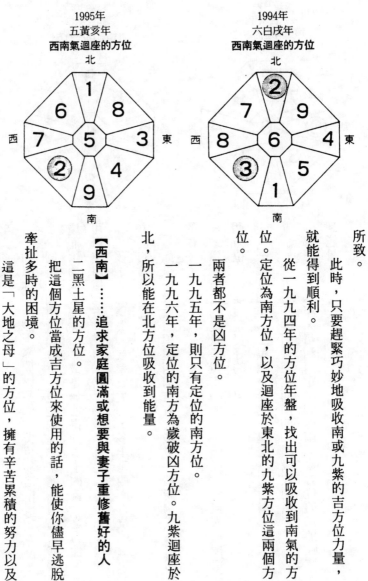

把這個方位當成吉方位來使用的話，能使你儘早逃脫牽扯多時的困境。

這是「大地之母」的方位，擁有辛苦累積的努力以及

1994年
六白戌年
西氣迴座的方位

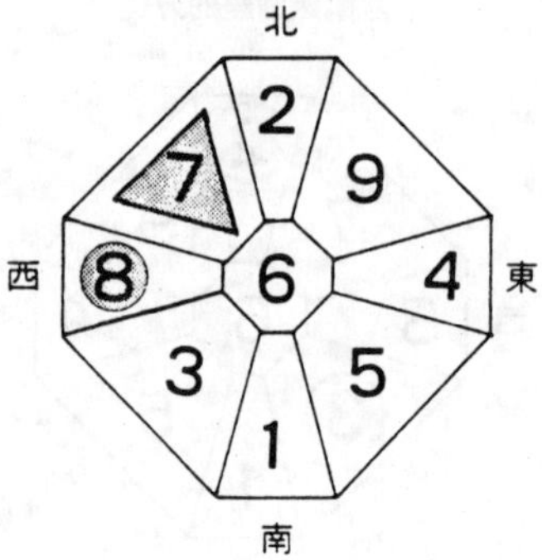

1996年
四綠子年
西南氣迴座的方位

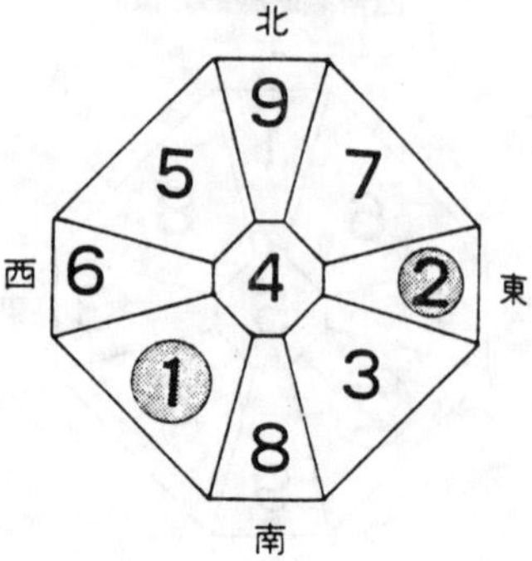

努力的氣力。

如果你想冷靜下來加以判斷，則務必要使用這個方位。同時，利用這個方位，也能夠提昇家運。因為家庭環境而煩惱或夫妻失和，或是無法得到妻子的協助之男性，可以使用這個方位。

孩子怠忽學業，或家庭失和，多半是西南方位或二黑方位的凶意出現。

如果能吸收二黑與西南吉方位能量，就能夠成為用功的孩子。

這個方位的能量是穩定的能量，因此，任何人選擇這個方位，都能展現艮好的作用。

一九九四年，二黑迴座於北方與定位的西南。

一九九五年，可從定位西南的二黑吸收到氣。

一九九六年，可利用定位的西南與東方位的二黑吸收到能量。

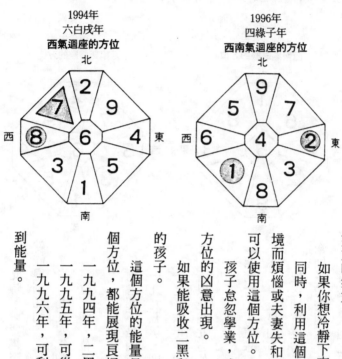

1995年
五黃亥年
西氣迴座的方位

1996年
四綠子年
西氣迴座的方位

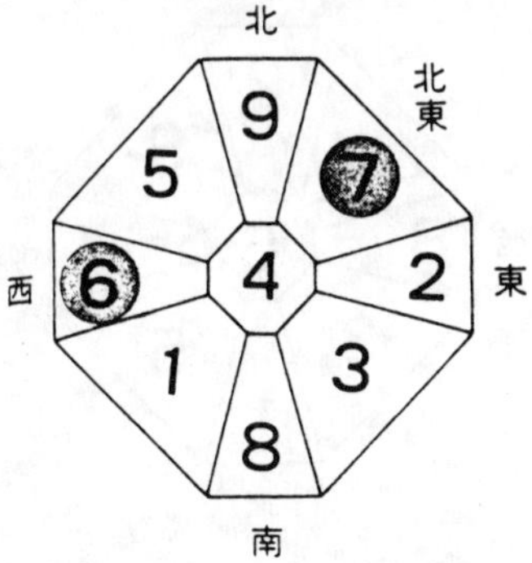

【西】……可能讓年輕人樂而忘返！

七赤金星的方位。易的八卦為兌的方位，表示澤。擁有美味的飲食、快樂的談話、時裝、美感等。年輕人如果使用這個方位，可能會玩瘋了，必須注意。

也有投緣的力量，在朋友互相交往的氣氛下找到合適男女的機會很大。

做生意，尤其是從事現金交易的人較為合適。例如服飾業、精品店、餐廳等服務業，重視這個方位，能有順利的發展。

然而，好玩成性、過於奢侈有浪費癖的人，就是因為西或七赤方位的作用產生凶意作用所致。

一九九四年定位的西與西北的七赤，為能量迴座的方位，但是西北為暗劍殺，所以行不通。一九九五年定位的西方位的七赤，一九九六年定位的西與東北的七赤之能量，如果能夠巧妙加以吸收，則不論是金錢或異性的交往都

1994年
六白戌年
西北氣迴座的方位

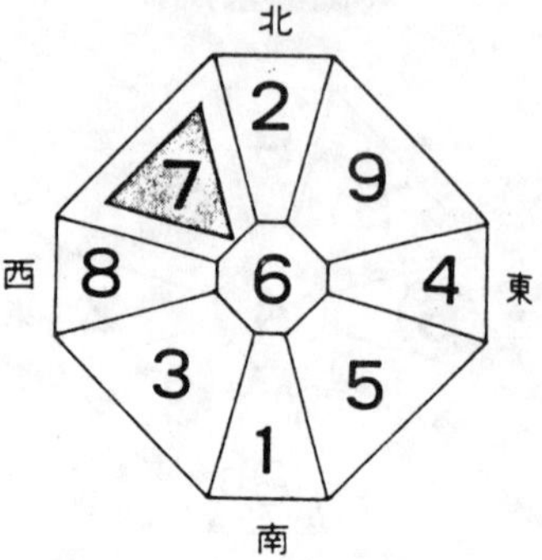

1995年
五黃亥年
西北氣迴座的方位

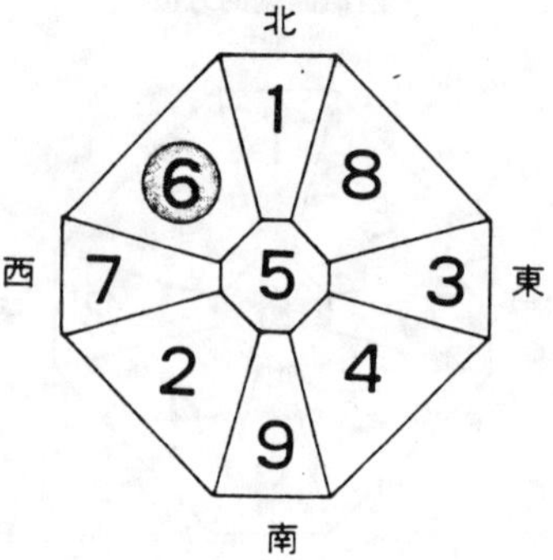

能有好的發展。

【西北】……培養中年的魅力！

六白金星的方位。

為天、神、佛所在的方位，其能量對你有所幫助。

在工作上需要幫助，或是需要上司的幫助時，一定要找尋這個方位的能量。

但是，西北的氣的特徵是，過於大而化之，有時可能會埋首於賭博中。不過，卻是中年以上男性所需要的能量。

這是將擁有安心感、充滿溫柔的男性魅力表現於外的必要方位。

希望成為政治家或在公家機關、大企業工作的人，如果在年輕時找尋這個方位，就可能擁有好職位。

然而這個方位的力量很強，如果不能大而化之，或不對天、神、佛抱持感謝之心，或心中沒有餘裕將整個心交給神或佛的人，則這個力量會產生不良的影響。

1994年
六白戌年
北氣迴座的方位

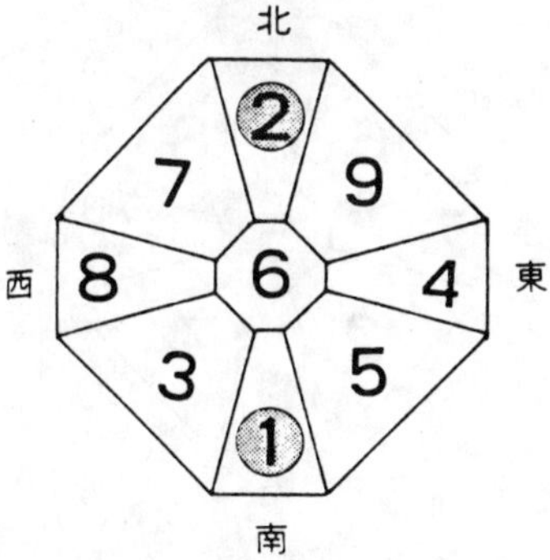

1996年
四綠子年
西北氣迴座的方位

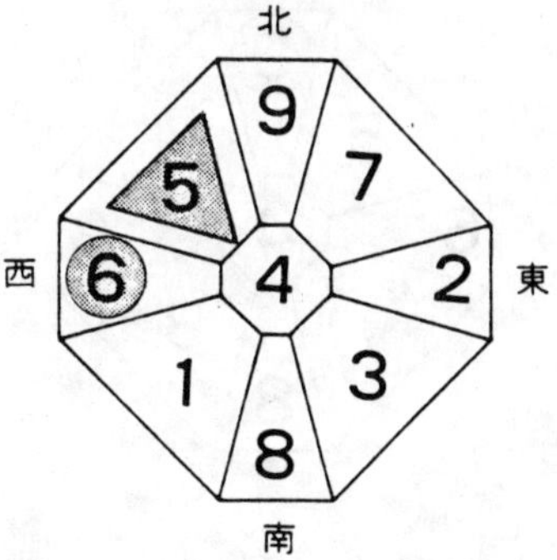

遇到萬一時，可能缺少同志，這時表示你六白、西北的能量不足。或者西北或六白迴座方位為凶方位時，就會吸收凶意。

一九九四年，定位西北為暗劍殺，不可使用。復因六白中宮，而無法吸收六白之氣。

到了一九九五年，則可吸收定位西北之氣。

一九九六年，定位西北為五黃殺，不可吸收氣。請吸收迴座於西方位的六白的能量。

【北】……欲存私房錢者可加利用！

一白的方位。

有水象的方位，表示人與人之間的上下關係、安心及信賴。

是想要偷偷擁有重要東西或守住秘密的方位，為稅金、帳目煩惱的人，可吸收這個方位的能量。

此方位對想存私房錢的主婦，特別有益。

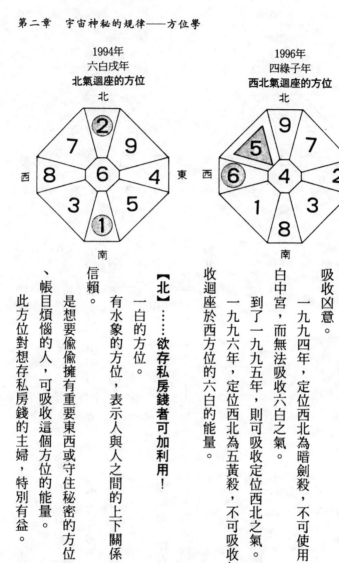

1995年
五黃亥年
北氣迴座的方位

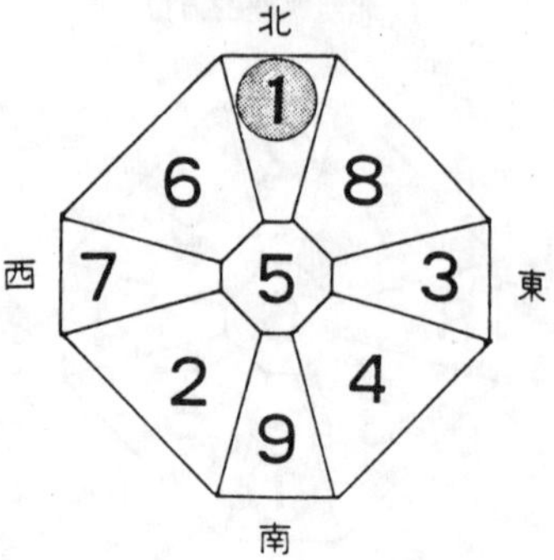

1996年
四綠子年
北氣迴座的方位

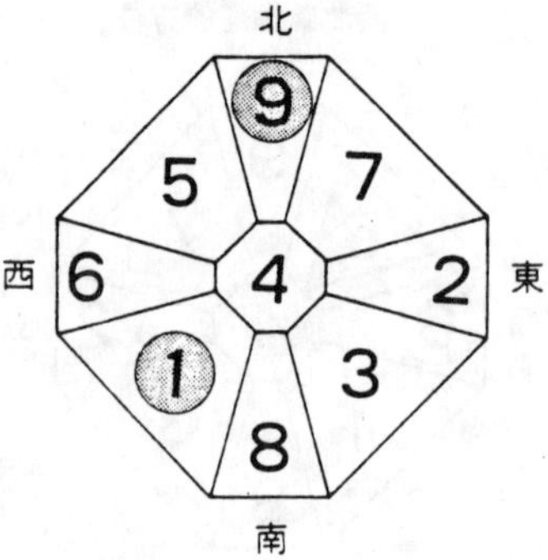

因秘密不會被揭穿，故為適合不道德行為的方位。同時，也是獲得子嗣、夫婦圓滿的方位。

希望子女專心用功的母親，請看看孩子房內的桌子。如果桌子是在房中的北方位則可，如果是在其它方位，則必須將其移至北方位。如此一來，妳就可以經常看見孩子坐在桌前用功了。

取得北方位的能量後，表現得過度清廉，在人際關係上過度以自我為主，不得部下信賴的人，可能是利用到了北或一白的凶方位。

只要在一九九四年於一白迴座的定位的北與南、一九九五年在定位的北、一九九六年在定位的北與西南利用一白吸收能量，就可消除凶意、招來幸運。

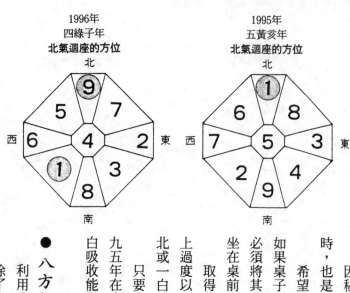

●八方位的具體例

利用八方位發揮作用的能量各有不同，希望各位瞭解。

除了定位外，利用遁行也可吸收移動的能量，以下就為各位探討一番。

為了有效利用方位力量，對於何種職業適合吸收何種方位的能量、接受何種方位的能量才能讓人生計劃確實實現等，均必須清楚瞭解。

希望成為政治家的人，需要西北與六白方位的能量。

古來所謂的「政治」，是指掌管祭祀，亦即以虔誠的心侍奉神佛得到啟示，再將啟示傳達給衆人知道。因此，有志從政的人，必須以如侍奉神佛般的虔誠之心為人民犧牲、奉獻。

這些人需要的方位，是六白、西北方位。

但只靠這個還不夠。

要想成為活躍的政治家，首先必須經過選舉的洗禮。

選舉需要錢和人氣。這時就要吸收南或九紫的方位能量。

九紫意味著英明、智慧。希望具有引導國民獲得幸福的英明、智慧，成為虔誠的政治家時，必須吸收六白、西北、九紫、南方位的能量。

所吸收到的方位能量，可存於身體，開花結果使你達到目的。

希望成為大公司老板，或者將來擁有獨立事業時，年輕時應該吸收東與三碧的能量，另外信用也很重要，所以要吸收東南與四綠的能量。

此外，只要吸收能幫助發現時機的西北與六白的能量，一定能夠獨立。

如果希望早日締結良緣的話——

可以在對你而言的吉方位吸收四綠氣或東南方位的氣。如果打算透過婚姻介紹所，則選擇在東南或四綠方位的介紹所較好。相信一定能很快地找到適合的對象。

除了上述方位以外，西方位、七赤方位也很好。

＊

由此可知，配合不同的目的，任何人都可以將八方位的能量當吉方位來使用。哪怕你天生運氣不好，也能以日新月異的進步，使自己朝好的方向改變。

換言之，好像換件新衣服似地改變心情，每天吸收擴散於八方位的無限能量，就能變成一個嶄新美好的自我。

因此，要冷靜地凝視、分析現在的自己，到底缺了什麼，接下來的幾年需要些什麼能量。

希望五年後建立家園的人，只要選擇有不動產之賜的西南、二黑，或者巧妙使用八白、東北，就能獲得建立新家的機會。

如果希望未來能美夢成真，就要使用必要的方位。如此幾年以後，能量就會透過你的身體而成形。

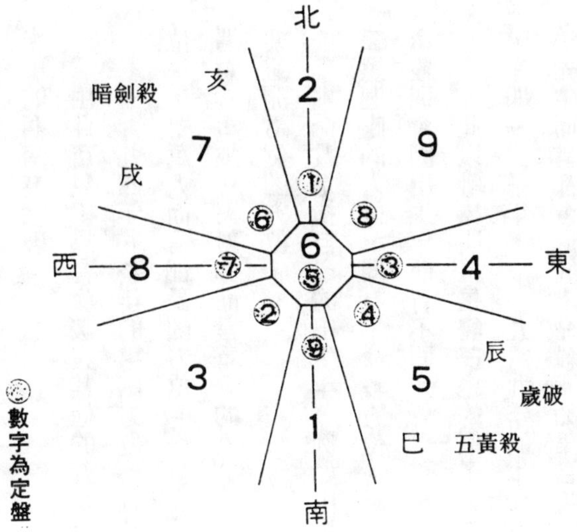

一九九四年　六白金星甲戌年的方位年盤

宇宙法則——吉方位與凶方位

●引導出惡人生的凶方位

在此為各位說明凶方位（參照次頁的圖）。

首先是五黃殺凶方位，即表示這一年五黃土星（氣）迴座的方位。例如一九九四年為六白年，故六白金星甲戌年的年盤，出現五黃殺等各凶方位（參照圖）。

由盤可知五黃土星迴座的東南方位，為五黃殺。其相反側的西北方位，為暗劍殺。

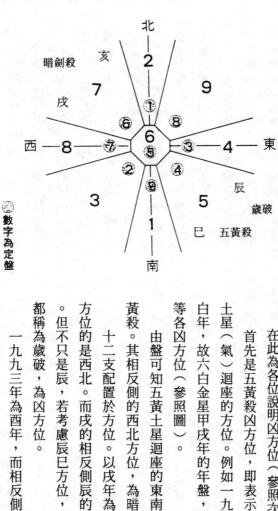

十二支配置於方位。以戌年為例，表示戌方位的是西北。而戌的相反側辰的方位為歲破。但不只是辰，若考慮辰巳方位，則整個東南都稱為歲破，為凶方位。

一九九三年為酉年，而相反側的卯的東方位為歲破。一九九五年為亥年，巳方位的東南為歲破。一九九六年為子年，故午的南方為歲破。一九九七年為丑年，故與未的方向相同，未申的西南為歲破。

由此可見，只有歲破與其他的五黃殺、暗劍殺、本命殺不同，是由十二支來考慮的。一九九四年一整年的東南方位（五黃殺凶方位、歲破凶方位）與西北方位（暗劍殺凶方位），對萬人而言都是凶方位。一旦在此方位長期旅行或遷移到此方位，將會傷壞身體、遭遇意外事故、與對你而言重要的人分離或公司經營不善。直到一九九五年的節分為止，一定要避開這個凶方位。

本命殺是指自己的出生年，例如出生在一白水星的人，則一白迴座的方位，二黑的人則二黑迴座的方位，即為本命殺方位。暗劍殺、五黃殺、歲破對任何人而言都是凶方位，而本命殺則會因出生年而有不同。

在此以職棒明星**長嶋茂雄**的例子來為各位說明。長嶋先生出生於一九三六年二月二十日，亦即一白子年，故一九八九年的本命殺為東南。換言之，在這一整年當中，東南方位對長嶋先生而言都會形成本命殺。如果長嶋先生於一九九〇年一月出任夏威夷公開賽的解說員，或參加夏威夷召開的名球會，則可能會令球迷失望。這是由於，東南這個信賴方位的損害，由自己承受所致。

以擔任監督而言，從長嶋先生的住所來看，西武正在西北方位，故一九八九年秋天成為西武隊的監督，根本無法發揮實力位（歲破凶方位）。而在相反的西南方位（暗劍殺凶方位），雖無合適球隊，但在東北（五黃殺凶方位）有巨人隊的球隊事務所及東京巨蛋球場，是以即使加入球隊，也不會順利。嚐過苦果的長嶋先生，一九八九年秋天並未加入巨人隊。如果是擔任監督一職，北方的一白方位是長嶋先生的吉方位，這個方位有神宮球場。換言之，如果是擔任養樂多隊的監督，則他的運氣就能提升。

一九八九年間，長嶋先生在力量強大的方位原本有本命星存在，但因實力不強的球員加入養樂多隊，幾經考慮後乃放棄監督一職。一九八九年秋天及九〇年秋天，接連有機會到來，但因他休假赴夏威夷旅遊，和名球會的金田一起玩或打高爾夫球，以致運氣滑落。

事實上，長嶋先生應該巧妙利用方位，讓球迷們再次想見到身穿制服的他，再次成為傑出的監督才對。

到了一九九三年，長嶋先生再次出任巨人隊監督。九三年是七赤酉年，由自宅來看，巨人隊的球隊事務所及東京巨蛋球場在東北方位，是長嶋先生的本命殺凶方位。因為方位的力量對他毫無幫助，難怪後來事事不順，非常辛苦。

江川卓先生的情形又如何呢？

出生於一九五五年五月二十五日的江川先生，本命星為九紫火星，一九八九年一整年，九紫星都迴座於東方位。對他而言，一旦赴美見習大聯盟賽，幸運就會遠離，不如待在家裡睡覺較好。那是因為美國在東方位，對九紫的江川而言是本命殺凶方位。

江川拿手的理財、股票需要九紫吉方位的能量，卻因本命殺而蒙受巨額損失，締約時也告失敗。因此，赴美不但一無所獲，反而失去了更多。即使江川先生的運勢很強，隨著凶方位的移動，長期遷移，卻使幸運減少了。本命殺凶方位對個人健康和遇遭事物意味著凶意，加上後來又遇到了泡沫經濟，使他蒙受很大的損失。

那麼，你的本命星是什麼呢？

請看43、44頁的表，就知道找尋自己本命星的方法了。

必須注意的是，立春是一年的開始。例如，一九九四年一月出生的人，要和一九九三年的人一併計算，亦即出生於七赤金星的酉年。這點千萬不要弄錯。

41、42頁、曾刊載出自一九八九年起十二年的年盤。盤中劃×記號的，就是凶方位。為了複習起見，請各位再看看這個表（方位年盤）。

自覺運不好的人，請回顧一下這幾年是否犯了凶方位。

想必各位都瞭解了吧？由你的年盤推算凶方位，是指五黃殺、暗劍殺及在歲破方位的你的本命殺。

依年分不同，本命殺方位、五黃殺方位及歲破方位可能重疊。此外，出生於五黃土星的人，本命殺與五黃殺一直都重疊。或許有人認為到這個方位去一定會蒙受重大損失，但事實並非如此。

你的吉方位在何處？

現在來找找你的吉方位吧！首先參考年盤。以一九九七年六月你的吉方位為例，一九九七年是三碧丑年，首先配合66、67頁的月盤表，找出最上一欄中的丑，形成「丑、辰、未、戌」線。然後從六月開始往側面看，六月有一白這個數字出現。而六月每年都是午月，從而描繪出一白迴座於中央的六月月盤。月的凶方位，就是五黃土星迴座的南方，為五黃殺。其相反側北方為暗劍殺。既是午月，稱午方位為南。月破以十二支來計算，從午開始算起，未申酉戌亥子，在第六個子的方位（北）——正反面的方位——即為月破方位。

這是指年的歲破。另外也有日盤存在，如果是日盤則稱為日破（本書省略不提）。

在你的本命星迴座的方位劃個×當作凶方位。劃好月盤以後，如先前所述於一九九七年的年盤上重疊，若非兩者均劃×，即表示為吉方或普通方位（不是凶方位）。

接下來請找出自己在一九九五、九六年的吉方位吧！只要學會這個技巧，不論是建立家園、挑選公司或出外旅行，都能找到對自己有利的方位。

前面說過，方位具有各種不同的作用。當然，你必須利用吉方位才行。

此外，有的是一整年都不好的方位，例如暗劍殺、五黃殺、歲破、本命殺等凶方位。

月九星表（月盤的推算法）

<table>
<tr><th colspan="2">推算方位的年份
推算方位的月份</th><th colspan="2">子卯午酉</th><th colspan="2">丑辰未戌</th><th colspan="2">寅巳申亥</th></tr>
<tr><td>一月</td><td>丑</td><td>9紫</td><td>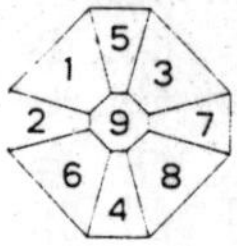</td><td>6白</td><td>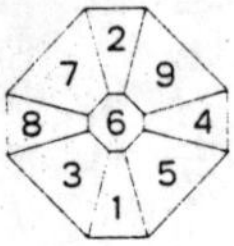</td><td>3碧</td><td>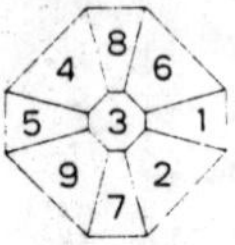</td></tr>
<tr><td>二月</td><td>寅</td><td>8白</td><td>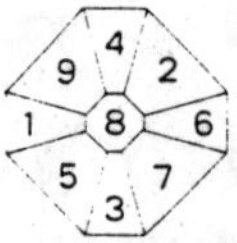</td><td>5黃</td><td>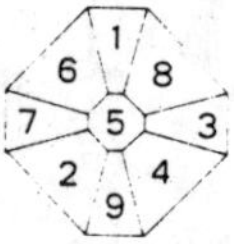</td><td>2黑</td><td>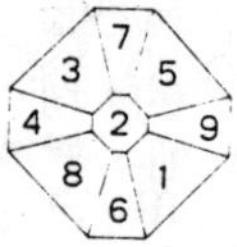</td></tr>
<tr><td>三月</td><td>卯</td><td>7赤</td><td>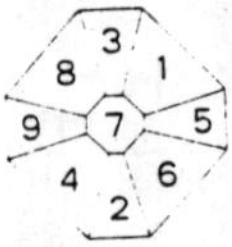</td><td>4綠</td><td>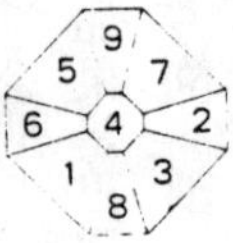</td><td>1白</td><td>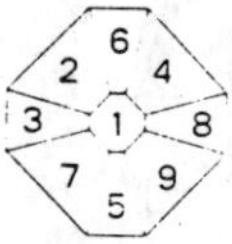</td></tr>
<tr><td>四月</td><td>辰</td><td>6白</td><td>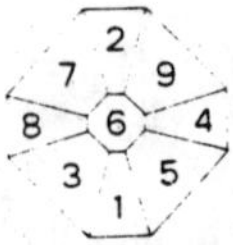</td><td>3碧</td><td>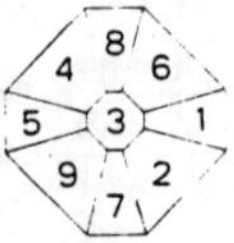</td><td>9紫</td><td>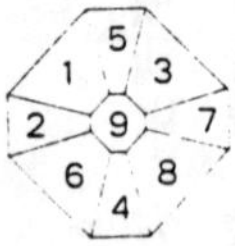</td></tr>
<tr><td>五月</td><td>巳</td><td>5黃</td><td>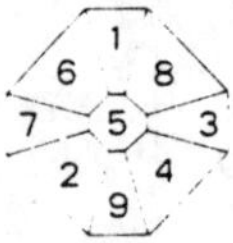</td><td>2黑</td><td>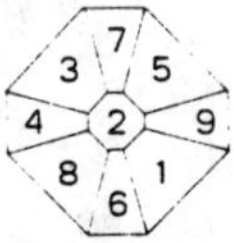</td><td>8白</td><td>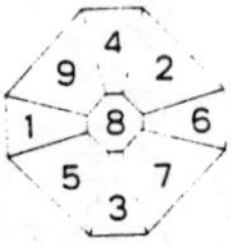</td></tr>
<tr><td>六月</td><td>午</td><td>4綠</td><td>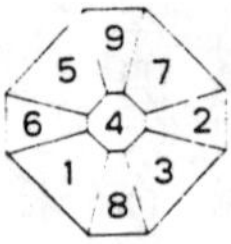</td><td>1白</td><td>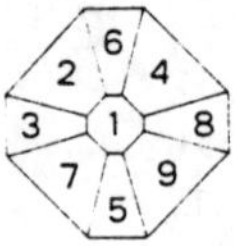</td><td>7赤</td><td>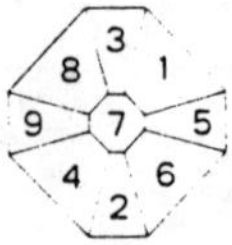</td></tr>
</table>

推算方位的月份 ╲ 推算方位的年份		子卯午酉		丑辰未戌		寅巳申亥	
七月	未	3 碧	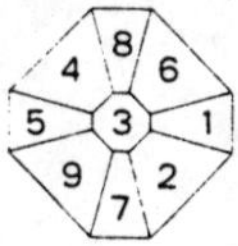	9 紫	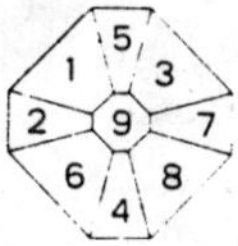	6 白	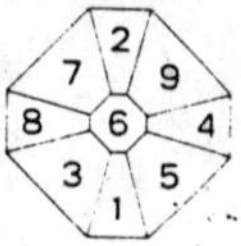
八月	申	2 黑	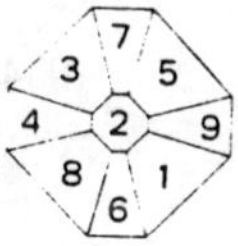	8 白	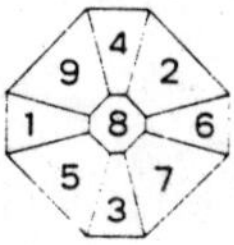	5 黃	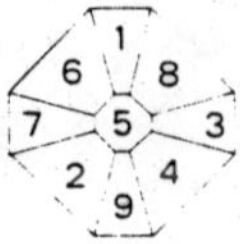
九月	酉	1 白	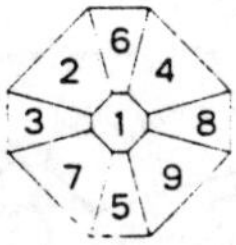	7 赤	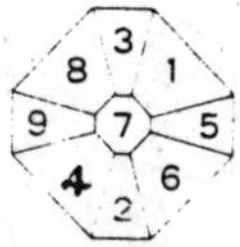	4 綠	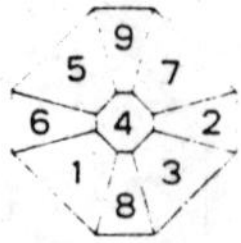
十月	戌	9 紫	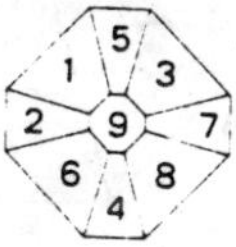	6 白	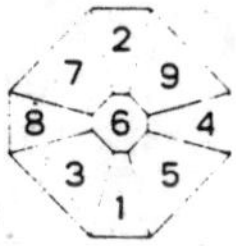	3 碧	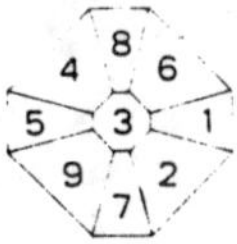
十一月	亥	8 白	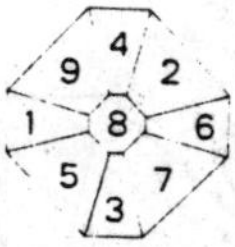	5 黃	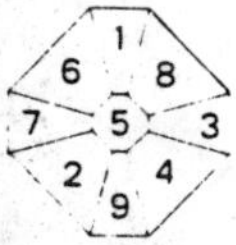	2 黑	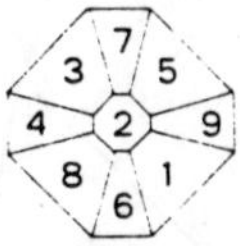
十二月	子	7 赤	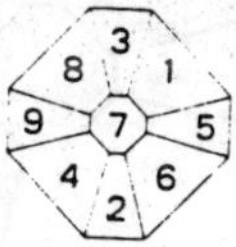	4 綠	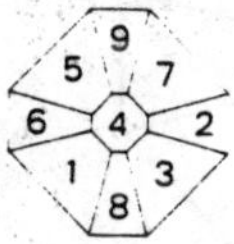	1 白	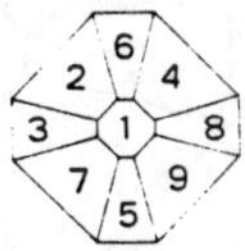

將由66、67頁的月盤表推出方位的月，塡入下圖的月盤，找出吉方位

定盤（定位）

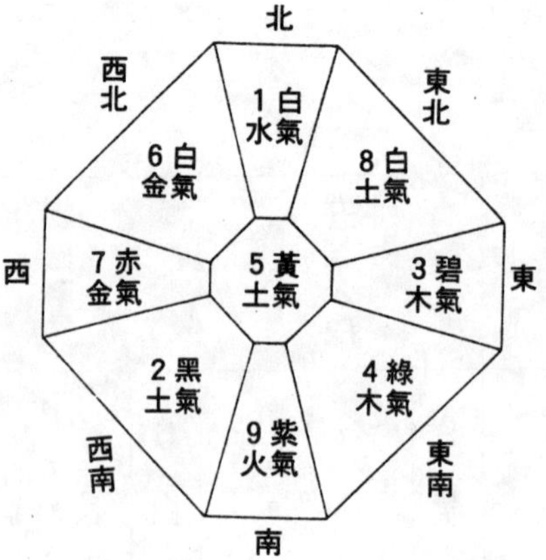

1995年
五黃亥

1994年
六白戌

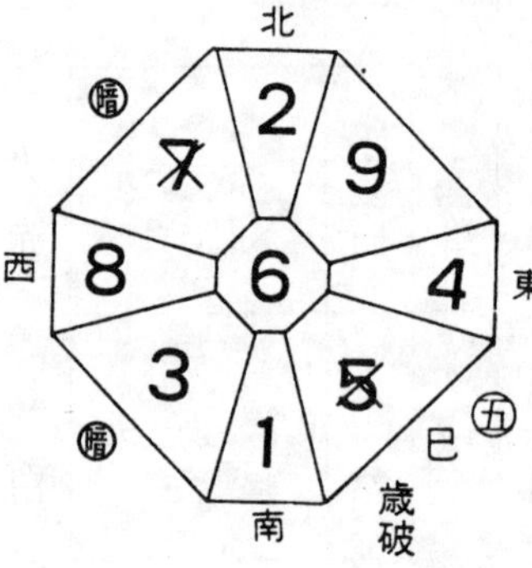

月盤

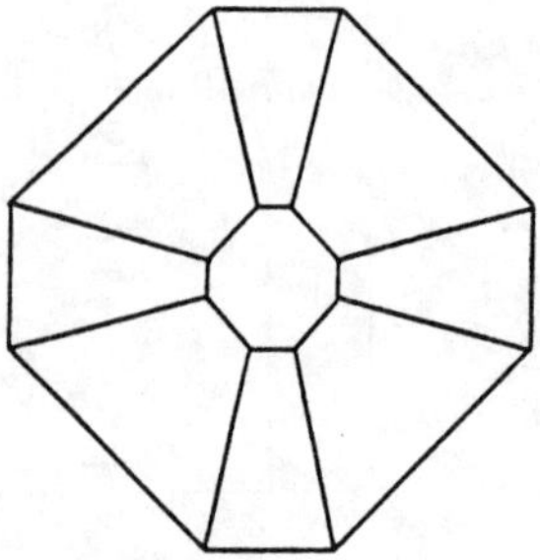

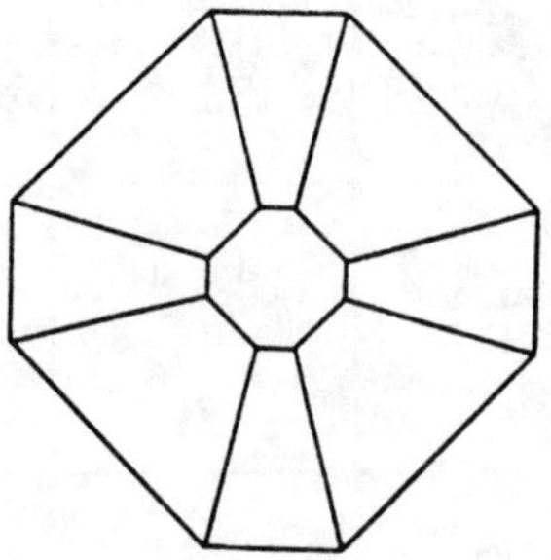

六白年盤

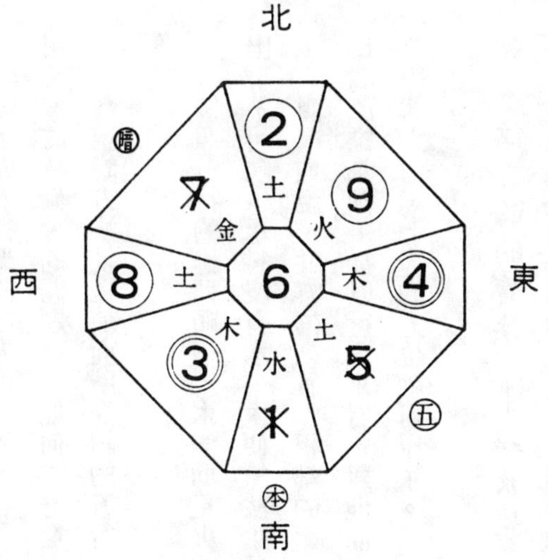

1994年長嶋的吉方位

五行與方位適性

長嶋先生（一九三六年二月二十日出生）

本命星為一白水星

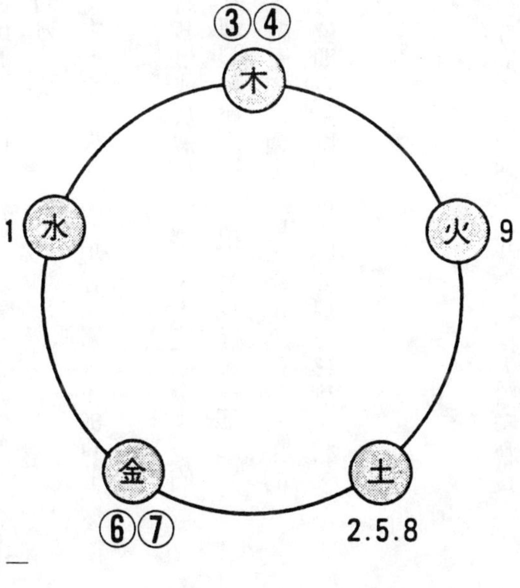

●九星與你的適性如何？

除了先前列舉的凶方位以外，在剩下的方位中找出適合自己的方位，這就是吉方位的發現法。此時最大的問題是，如何才能發現適性良好的方位？

發現的方法就是前面所介紹的五行。五行指金、木、水、火、土。現在再看一下69頁的圖表。

按照五行的排列順序，木能助長火的燃燒、火將其燒成灰燼後成為土、土能生金、金的出現不可缺少水、沒有水，木便無法生長，顯示出互動的關係，稱為「相生（又稱適性）」。

簡單地說，就方位來看，相鄰的兩人適性良好。請看69頁圖表。以本命星為一白水星的長嶋茂雄為例，從五行環來看，對他而言適性好的方位即為隔壁方位，因此只要移到三碧、四綠與六白、七赤的方位就可以了。

●方位吉凶的看法──以長嶋茂雄為例

請運用先前學過的知識，來觀看本書的重點所在方位的吉凶吧！在此僅以巨人隊監督長嶋茂雄為例。

長嶋先生於一九三六年二月二十日出生於日本千葉縣左倉市。本命星為一白水星。

要想找出他在一九九四年（六白戌年）的吉方位，首先要畫出六白戌年的年盤（參照69

頁的圖）。

其次，在一九九四年當中屬於整體的凶方位劃×。首先是五黃迴座的東南為五黃殺方位、相反側的七赤迴座的西北為暗劍殺方位，對他而言一白迴座的南邊為本命殺。歲破凶方位是這一年十二支相反側的方位，例如一九九四年為戌年，十二支顯示為西北方位，故其相反方位東南為歲破。

除去東南、西北、南這三個凶方位以外的方位，如東、西、東北、西南、北，是他找尋一九九四年吉方位的基礎方位。

以五行環的木、火、土、金、水來考慮適性，北二黑為土星方位、東四綠為木星方位、西八白為土星方位，迴座於東北的九紫為火星方位、西南的三碧為木星方位。是以從木、火、土、金、水五行來看，木氣的三碧、四綠，金氣的六白、七赤，對他而言是適性良好的方位。

迴座於西南的木氣的三碧，與迴座於東的四綠，即是適性良好，所以對他而言，東與西南是一整年都適性良好的方位（吉方位）。

至於迴座於東北方位的九紫火星方位，與西的八白、北的二黑，原本並非吉方位，但可以當成普通方位留下。那是因為，在一年當中，當月亮運行、有適性良好的星出現時，例如六白、七赤或三碧、四綠星迴座於此時，這個方位有可能成為吉方位。

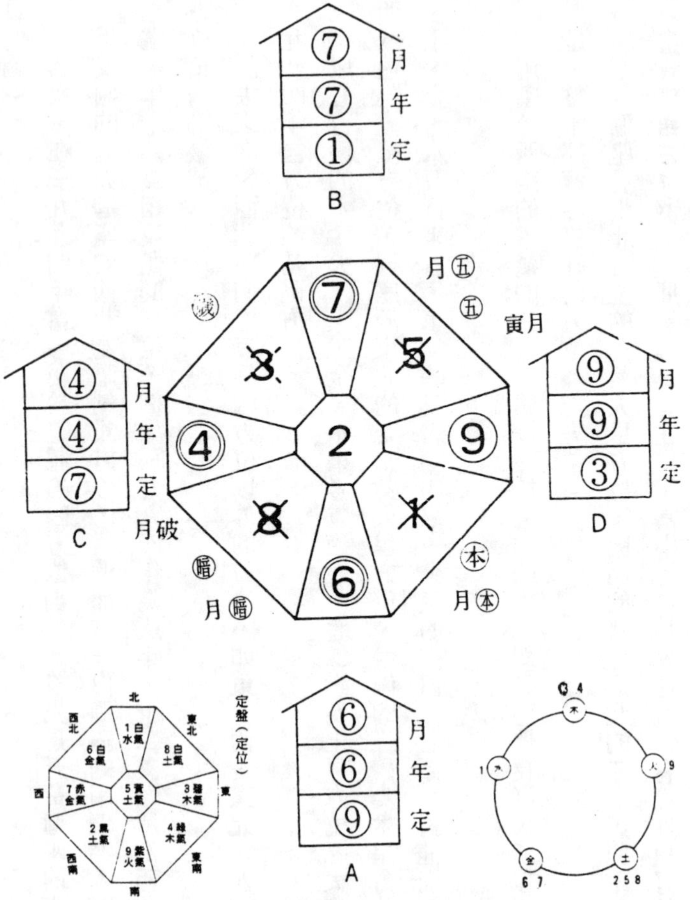

1989年　二月盤

二黑巳年的二黑土星寅月

×為由年盤推算出來的凶方位

註：㊄ ＝五黃殺

本 ＝本命殺

暗 ＝暗劍殺

歲 ＝歲破

換言之，這五個方位是一年中蘊育使他擁有幸運的吉方位能量的方位。

接著再來探討每月方位的吉凶。從節分到翌年為止，在六白金星的年盤上，加上每月的月盤來考量。

本書於一九八九年二月開始動筆，為二黑土星月。只要看前面的表，就可知道何年何月的九星是什麼。

先前說明的月盤畫法，共有三種型態。亦即一月由三碧開始、一月由六白開始及一月由九紫開始的年。

根據此表，二黑巳年一月是由三碧開始，故二月為二黑月。年盤二黑、月盤也是二黑，這就是一九八九年二月的方位盤。

至於那個方位是長嶋先生於一九八九年二月的吉方位，可由二黑在中央的年盤與二黑在中央的月盤重疊所形成的二黑巳年二月的月盤推算出來。根據這個表，二月為寅月，所以是二黑的寅月。

月的凶方位，是月的五黃殺方位、月的暗劍殺、月的本命殺方位。利用月盤要找的，是月破而非歲破。以寅月為例，寅的方位、東北方位的相反側申方位、西南方位（稱為六沖方位），即為月破。在月的四大凶方位劃×，將其消除。再將年盤與月盤重疊，以確認各自的吉凶。

依序來看方位時會發現，三碧於月盤上迴座於西北方位，月盤上並未劃×，理論上應該是吉方位。但是年盤的吉凶最為重要，而其年盤屬於歲破凶方位，亦即投影於年盤上是歲破的凶方位，因此當然是×。西南為月的暗劍殺與年的暗劍殺重疊，結果當然是×。東北月為五黃殺、年也是五黃殺，結果當然也是×。其凶方位如圖（前頁）所示。

從剩下迴座於北的七赤方位、迴座於南的六白方位、迴座於東的九紫方位、迴座於西的四綠方位，可找出吉方位。

而最重要的是考慮定盤。在定盤上加上年盤，其上再加上月盤，據此算出正確的吉凶。例如，南方位是在九紫定盤上以年盤推算六白迴座、以月盤推算六白迴座（圖A）。簡言之，就是在南邊有9、6、6（九紫與六白與六白）的方位能量。

對屬於一白本命星的他而言，南、九紫方位的適性雖然只是普通，但因有適性良好的六白（金星）迴座，放南方為吉方位。

再來看看北方位。原本北是以一白為定位，在年盤上有七赤星迴座（圖B），月盤上也有七赤迴座（1、7、7　一白、七赤、七赤），故對長嶋先生而言亦為吉方位。

西方位原是七赤的定位。年盤上有四綠星迴座、月盤上也有四綠星迴座（圖C）（7、4、4　七赤、四綠、四綠）。

東方位原為三碧的定位。年盤上有九紫（圖D）、月盤上有九紫迴座（3、9、9　三碧、九紫、九紫）。但這並非二月的吉方位。

為什麼呢？請想想五行環。由木、火、土、金、水來推算，九紫方位為火，而長嶋先生為一白水星。所謂水火不容，當然不能算是完美的吉方位。

經由以上作業，可知二月裡長嶋先生最完美的吉方位，是南、北、西。

那麼，三月的情形又如何呢？

先畫出月盤來看看。星的移動稱為遁行，永遠不會改變。正如先前說明的，在中央的星依序朝西北、西、東北、南、北、西南、東、東南遁行，最後再回到中央。

一九八九年三月是二黑土星巳年的一白水星卯月。由月九星表得知，巳年的一月始於三碧。從上方算起三、二、一，三月為一白。將二支配置月時，一月永遠是丑月、二月為寅月、三月為卯月、四月為辰月、五月為巳月。這段話若不牢牢記住，將會導致月破，無法推算出來。

一白月的凶方位，南方為月的五黃殺，相反側的北方位為月的暗劍殺。但長嶋先生的本命殺，並不在三月的月盤上。那是因為，本命星一白已經迴座到中央。此外，周圍的八方位也沒有出現本命殺。

其次是月破。即是卯月，相反側西方位的西方即為月破。將在本月凶方位上劃×的盤，投影於二黑土星巳年的年盤上。結果會發現，劃×的地方出現了偏差（上圖）。這時必須以

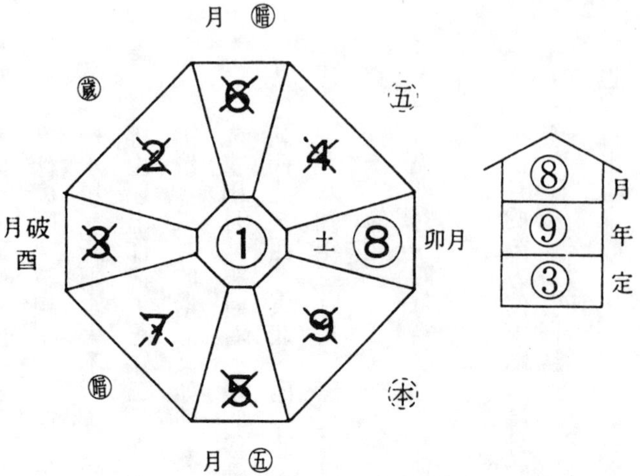

1989年　三月盤　二黑巳年一白水星卯月

×為由年盤、×為由月盤推算出來的凶方位

年盤為主，年盤上劃×的方位，即使月盤上並非凶方位（×），也必須視為凶方位。

例如東南方位，一九八九年的方位年盤為一白迴座，終年皆為本命殺凶方位。月盤為九紫迴座於東南，沒什麼不好，但因東南是長嶋先生的本命殺凶方位，因此不管東南有哪個星迴座，都要在月盤上劃×（凶方位）。

那麼，根據月盤，四綠迴座的東北方位又如何呢?以年盤來推算，為年的五黃殺，故必須劃×。以月盤來看，西南方位有七赤迴座，但年盤上卻是暗劍殺，所以當然也是×。西北方位月盤有二黑迴座、在年盤上屬於歲破凶方位，故同樣劃×。

這是否表示三月沒有適合長嶋先生的吉方位呢……?其實還是有的。那就是迴座於東方位的八白。

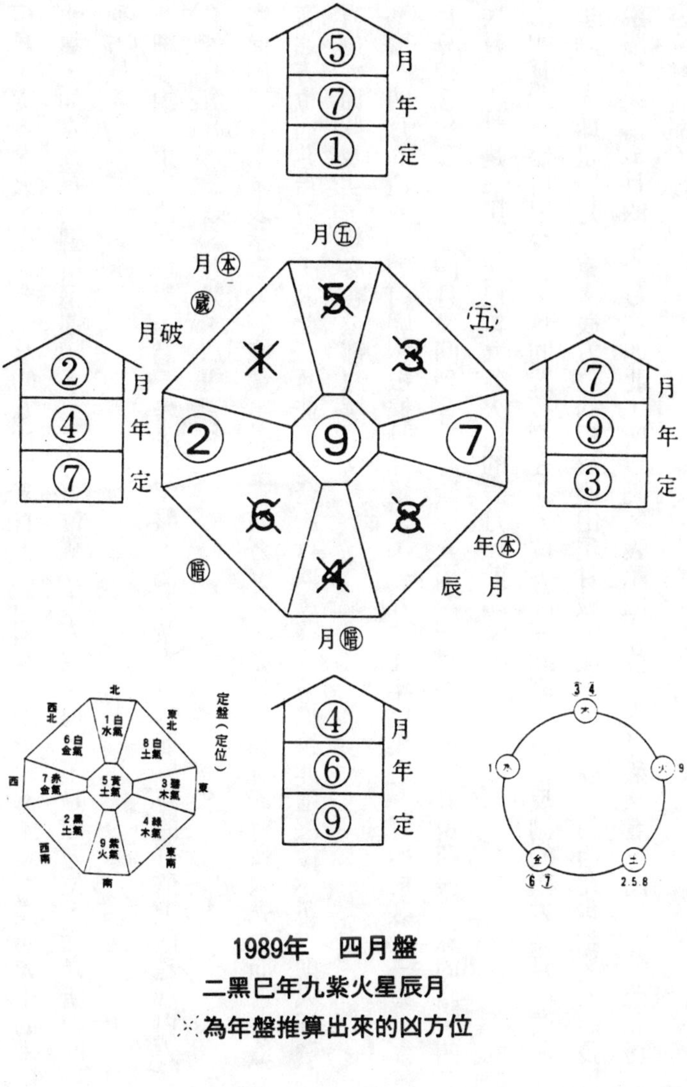

1989年　四月盤

二黑巳年九紫火星辰月

※為年盤推算出來的凶方位

但是，從木、火、土、金、水的五行環來看，八白即為「土氣」。土氣與長嶋先生的本命星水氣，如六九頁的圖所示運轉，土氣的方位雖非吉方位，但也不是凶方位，而是所謂的「普通方位」。

詳細地說，東方位在定盤上為三碧，在年盤上為九紫方位，而三月的月盤上則是八白方位（3、9、8　三碧、九紫、八白）。

定盤的三碧原本表示東方的能量，考慮吉凶方位時不必特別在意。對長嶋先生而言，這只是普通方位而非吉方位，因此三月並不適合旅行或遷移，但如果非這麼做不可，則只好選擇東方位。如此說明，想必各位都瞭解了。

那麼，四月的情形又如何呢？根據月九星表，一九八九年巳年的一月始於3（三碧）。從一月算起3、2、1，四月又回到9（九紫）。因為一月為丑，以丑寅卯辰來算的話，四月為辰月。也就是二黑土星巳年九紫火星的辰月（前圖）。

由四月的月盤可以發現，月的五黃殺在北方位，故在此劃×。相反側的南方為月的暗劍殺，也劃×。即是辰月，東南辰方位的相反側出現月破，戌方位、戌亥的西北也劃×。而長嶋先生屬於一白，月的本命殺在西北，所以劃×表示凶方位，從月盤來看，南、北、西北這三個方位對他都不好。

在一九八九年二黑巳年的年盤上加上四月的月盤時，月盤東北的三碧方位，在年盤上為五黃殺。月盤上六白迴座的西南方位，為年盤的暗劍殺，東南方位是長嶋先生一九八九年的本命殺，均為凶方位。結果只剩下東的七赤與二黑迴座的西兩方位。

東方位會形成何種方位能量呢？從定盤來看，東為三碧，年盤為九紫迴座。四月在月盤上是七赤迴座。西方位在定盤為七赤，在年盤為四綠，而四月在月盤上則是二黑迴座。

也就是說，四月不論是東或西，都是適合長嶋先生的吉方位。

首先來看東。根據五行環（木、火、土、金、水），月盤的七赤，對一白的長嶋先生而言是吉方位。年盤是東有九紫迴座，九紫即「火氣」，從五行環的觀點來看適性不佳。定盤的三碧一如先前所述，在考慮吉、凶位時不必太過在意。其結果是，東方位在年盤上雖非吉方位，但在月盤上卻是吉方位。

西方位又如何呢？月盤上西有二黑迴座。二黑為土氣的方位，長嶋先生的本命星——一白水氣，與土氣適性不佳，但一九八九年在西方終年有四綠這個與長嶋的一白適性良好的木氣存在，月盤上也有二黑星迴座，因此從年盤來看，西方是他的吉方位。

總之，在四月裡，東、西是相同程度的吉方位。

●找尋一九九〇年長嶋先生的吉方位

一九九〇年的年盤，為一白水星庚午年（參照次頁圖）。其方位年盤，在中央為一白迴

1990年一白水星庚午歲的年盤，中央為一白入主

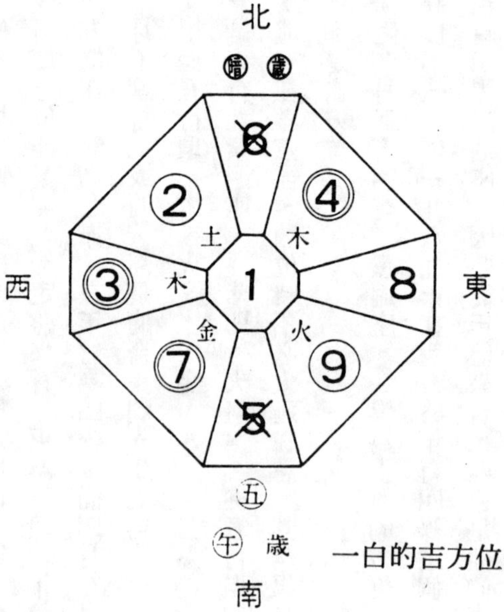

一白的吉方位是什麼

年的凶方位

南方位、五黃殺，北方位、暗劍殺，因為是午年，故歲破在北方位。

因為長嶋先生為一白在中央，所以沒有本命殺。

座。而長嶋先生屬於一白本命星，因此這一年於他根本沒有凶方位、本命殺存在。

請看年盤。五黃星迴座到南方。南方位為五黃殺，對每個人都是凶方位。其相反側北方位為暗劍殺。一九九〇年為午年，以方位來表示十二支時，午代表南方位，故相反側六冲方位的子的北方位，為歲破凶方位。歲破與暗劍殺在北方位合而為一。是以對任何人而言，一九九〇年的凶方位是南與北。當然，除了一白的人以外，其他人還有本命殺凶方位存在。

再配合五行環（木、火、土、金、水）來推算，西南方位的七赤、東北方位的四綠、西方位的三碧，於他都具有良好的適性。其它如西北的二黑、東南的九紫，於他則是普通方位。

由此即可推知長嶋先生一九九〇年立春二月時的吉方位。

首先來看看二月是什麼樣的月（參照月九量表）。

一九九〇年二月為八白寅月。八白在中央的月盤畫出後，一如82頁的圖所示。從月盤找出月的五黃殺、暗劍殺、本命殺、月破等凶方位。

既是寅月，月破就在相反側的申方位，也就是未申的西南。西南有月的五黃殺，故要劃×。月的暗劍殺在相反的東北方。長嶋的本命星是一白，從月盤來看迴座於西方，故月的本命殺為西，也要劃×。

其次，將月盤投影於年盤上，並塡入年的五黃殺、暗劍殺、歲破。二月南方位有三碧，從月盤來看是吉方位，但在年盤上卻是五黃殺，故要劃×。北方位是四綠迴座的月盤，不是

1990年　由立春二月的月九星表推算出為八白寅月。

畫出八白在中央的月盤。

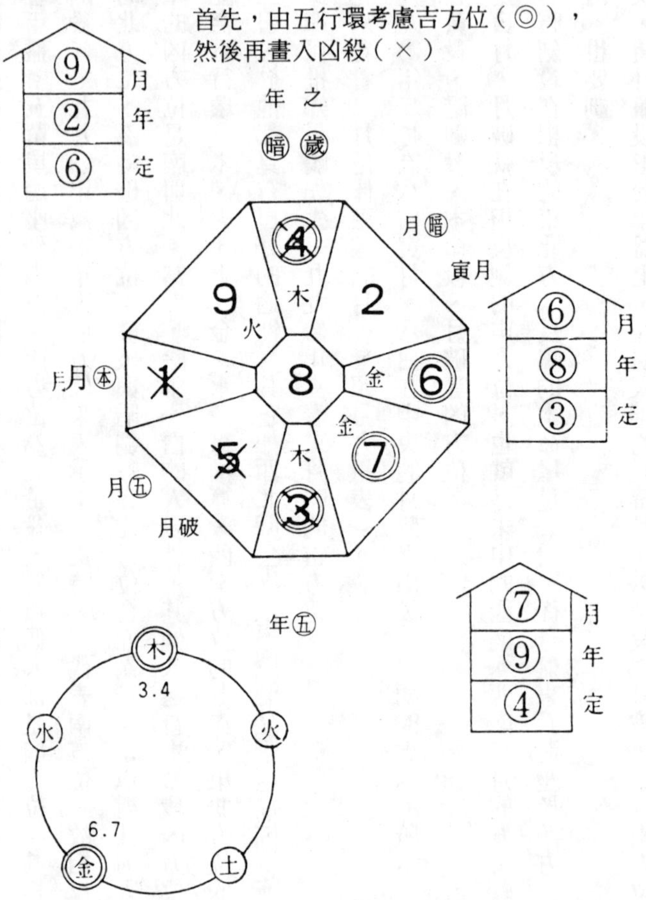

由年盤推算出北為 ㊐ 與 ㊏ 、南為 ㊄ ，所以劃×。1990年2月長嶋先生的吉方位為東、東南，西北的九為普通。

凶方位，但還是要以月盤為優先考慮，因年盤上顯示暗劍殺與歲破，故要劃×。剩下的是迴座於東方的六白、東南的七赤、西北的九紫。在此詳細分析一下各方位。

東方位有定盤的三碧、年盤的八白、月盤的六白迴座，形成3、8、6的能量。其次是東南方位，有定盤的四綠、年盤的九紫、月盤的七赤迴座，形成4、9、7的能量。西北方位則是定盤的六白、年盤的二黑、月盤的九紫，形成6、2、9的能量。

就東方位而言，以年盤來看，一白本命星的長嶋先生有八白迴座，屬於「普通方位」，但以月盤來看，有六白迴座，一白與六白適性頁好，故為吉方位（3、8、6）。

當長嶋先生使用此一方位時，會出現何種現象呢？東方位的定盤，表示元氣及向新事物挑戰的勇氣。年盤上有八白迴座，八白的作用會出現在東，具有革命的力量。再以月盤看，有六白氣運轉到此，故能獲長者提攜或他人的支援。

對長嶋先生而言，所謂支援應該是利用新構思向新事物挑戰，所以再次出任監督的可能性很大。此外，從日本來看東邊是美國，故有就任監督率隊赴美參加春季比賽……的可能。

東南的月盤為七赤方位，定位為四綠、年盤為九紫、月盤為七赤。年盤的九紫對長嶋（一白）來說只是普通方位，不，應該說更接近於凶方位，月盤有七赤迴座，七赤的金氣與本命、水氣適性極佳，故東南為吉方位。

東南方位4、9、7的力量，來自東南定位能量的「人緣」及根據年盤推算的九紫火氣的「反覆」能量及「離別」能量，藉著七赤的月盤而發揮作用。七赤代表「快樂」，故東南象徵著和一度分開的朋友快樂地聚餐、交談，重新建立良好人際關係的方位。換言之，如果長嶋和曾經發生爭執的川上同赴東南方的夏威夷，或許能重修舊好。事實上，他們兩人後來果真和好了。

西北定盤為六白、年盤為二黑、月盤為九紫迴座。年盤的二黑於長嶋先生，是普通以下的方位，月盤的九紫於他更是水火不容，故不算是吉方位。但如果執意要去也無不可，畢竟它只是普通方位而已。

為了重要工作（六白定位）離開家庭（年盤內二黑方位），藉著新構思建立新事業而必須往西北方位時，一定要到寺廟參拜。關於這點，留待稍後再詳加敍述。

對長嶋茂雄先生而言，一九九〇年立春時，東與東南為吉，西北則是比普通更差的方位。那麼，十月的情形又如何呢？一九九〇年十月為九紫戌月。畫出九紫在中央的月盤後，會發現月的五黃殺在北方位、月的暗劍殺在南方位。長嶋先生月的本命星一白則迴座於西北。戌月的相反側為辰方位，就辰巳的觀點來推算，東南為月破。

如上所述，由月盤來推算，南、北、西北、東南為凶方位。再由年盤來看，南與北是五黃殺、暗劍殺、歲破的關係，必須劃×。換言之，南、北不論是年盤或月盤，都是凶方位。而東有七赤金星、西有二黑土星迴座，所以不是凶方位。東的七赤金星與西南的六白金星，

1990年10月間，長嶋先生的吉方位為何？

10月為九紫戌月。

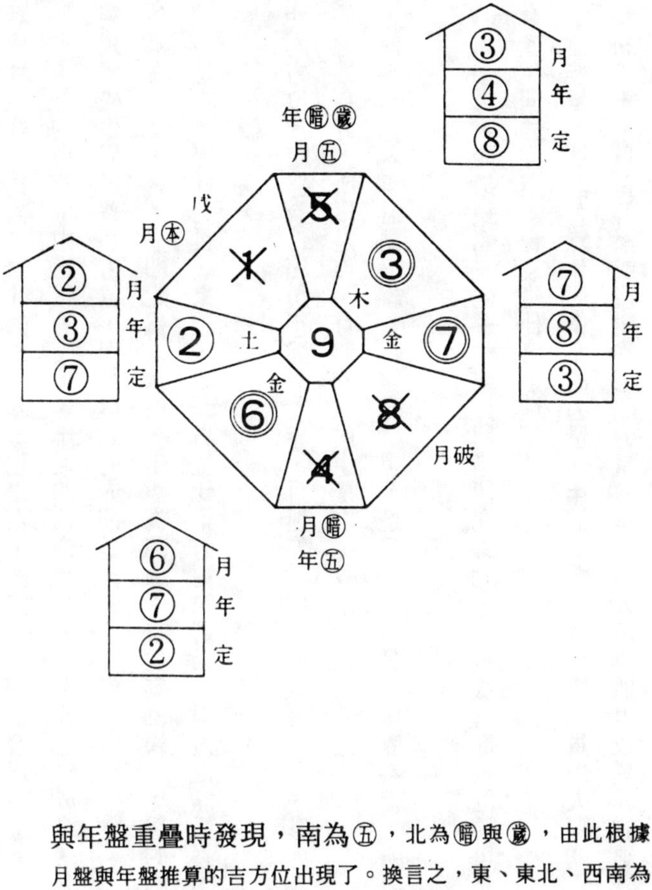

與年盤重疊時發現，南為㊄，北為㊐與㊌，由此根據月盤與年盤推算的吉方位出現了。換言之，東、東北、西南為吉方位，而從年盤來看，西方位也可算是吉方位。

以五行環來看適性良好，爲吉。東北的三碧木星也是吉，西的二黑則是普通方位。

其結果是，十月的東方位由定盤的三碧、年盤的八白及月盤的七赤，形成3、8、7。年盤的八白對長嶋先生只是普通方位，但月盤的七赤卻是吉方位。

東北方位為8、4、3，亦即定盤為八白、年盤為四綠、月盤為三碧。年盤的四綠為吉、月盤的三碧也是吉，因此對長嶋來說，東北方位比東方更為適合。但方位能量必須配合目的來使用，故不能一概而論。

其次是西南方位，定盤為二黑，年盤為七赤，月盤為六白，形成2、7、6。年盤的七赤因為五行的適性良好，所以是吉，月盤的六白也是吉，故西南為吉方位。

西方位定盤為七赤、年盤為三碧、月盤為二黑，是7、3、2。年盤為吉，所以是吉方位。

一九九〇年十月，如果長嶋先生遷移或長期停留在東北方位，或者進入位於東北方位的公司工作，會產生何種作用，會發生什麼事情呢？

東北的定盤能量，蘊含著變化、革命的力量。年盤上有四綠迴座，具備人際關係與評判的力量。月盤的三碧，具有傳播或音樂的相關力量。是以在大衆傳播界或業界的風評能提升（因為是吉方位，所以會有好的變化）。

長嶋先生住在田園調布，而東京各電視台大多在這個方位，因此方便於接受各電視台的訪問及參加演出。

東方位也是與傳播有關的力量，況且年盤八白、月盤有七赤迴座，是為吉方位，數字為3、8、7。七赤代表說話、飲食的能量，因此如果到東方位去，必能快樂地吃喝、與人暢談。由此來看，從事與服裝有關的工作或參加座談會，可使長嶋先生煥然一新。

附帶一提，東邊為美國，故長嶋先生赴美的可能性非常高。

西南原本是有二黑土氣存在的不動產方位。在年盤上顯示有表示金錢力量的七赤迴座。十月的月盤，則有六白的支持力量出現。從東京看，西南指伊豆方向、海外則指東南亞等地。在不動產相關情報或支持者的誘惑下，可能會促使他從事大型不動產生意；或是在支持者的支持下，開設不動產公司。

西方位定盤為七赤、年盤為三碧、月盤為二黑，不算是吉方位，而是所謂的「普通方位」。十月的西方位，需注意家庭內部或女性問題。但因不是凶方位，所以對長嶋先生而言是比較穩定的方位。

●一九九一年長嶋先生方位的吉凶

一九九一年的一月，在日曆上算來仍是一九九〇年。是以如四一頁的圖表所示，一九九一年為未年，但一月卻還是一九九〇年的午年。那麽，在利用月九星表來推算月盤時，一九

根據月九星表（看未年一月）來推算，1991年1月（在九星表上仍為1990年）爲六白丑月。

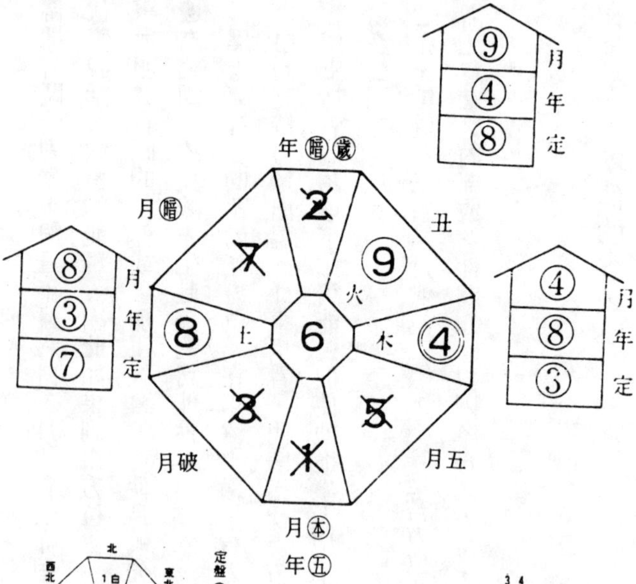

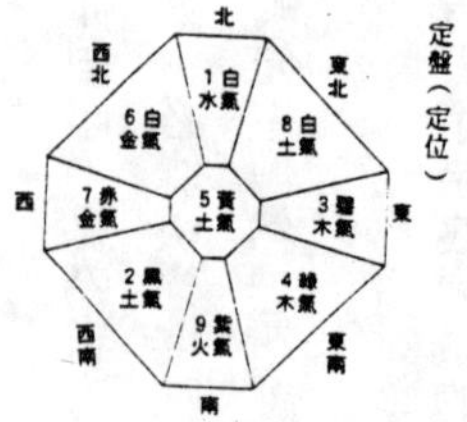

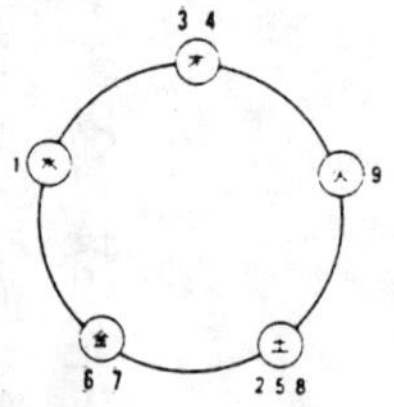

依年盤推算，出現劃×、◎與○的部分。東為吉方位◎、西與東北為○，都是好方位。

九一年一月究竟是哪一個九星月呢？答案是未年的一月。根據推算，一月為六白金星的丑月。

畫出六白在中央的一月盤後，可知月的五黃殺在東南、暗劍殺在西北、本命殺在南。而一月是丑月，所以六冲方位的未，亦即未申的西南為月破。剩下的方位則是北、西、東、東北。接著與一九九〇年的年盤（九一年一月為節分前，故使用九〇年的年盤）重疊，顯示南與北為五黃殺、暗劍殺、歲破等凶方位。

結果，月盤上只剩西的八白、東的四綠、東北的九紫。東的四綠方位，有定盤的三碧、年盤的八白、月盤的四綠，形成3、8、4能量。這是向新事物（三碧）尋求變化（八白）挑戰（東）的方位。

月盤的四綠具有人際關係的力量，新的人際關係可在東方位擴展，所以是吉方位。利用觀摩大聯盟賽的機會挑選優秀選手加盟，相信是所有職棒迷所樂意見到的事情。

東北方位定盤為八白、年盤為四綠、月盤為九紫。定盤八白意味著變化、繼承，也就是其子一茂的問題。例如結婚等傳聞（四綠）出現，而結婚對象可能是演員（九紫），同時婚事可能會被報章雜誌、大衆傳播媒體大肆渲染。另外，身為父親的長嶋茂雄，也可能建議一茂學習新技術或轉職。

西方位定盤為七赤、年盤為三碧，二者合而為一，意味著談話與音樂。這表示長嶋先生可能被聘為發表個人意見或感想的座談會講師，是吉方位。月盤為八白，因此對於一茂的受傷及傳聞，例如女性問題等，可由西方位找出對應之道。

長嶋先生到一九九一年一月的行動方位，大致如以上所述。

由此可知，在當年的年盤上依序疊上月盤，年盤劃×處月盤也劃×，才是找出吉方位的正確方法。儘管範圍狹隘，但以一整年來考量，若能事先訂定計劃，一定能找到吉方位。一旦知道自己該去的目的地、幾月去才是吉方位等，自然就能提升力量。

擬定旅遊計劃時，也要考慮方位與月份，最好先用月盤、年盤找出吉方位來。同樣是旅行，一定能為你帶來更多的快樂與幸運。

找出吉方位以後，只需巧妙應用宿於八方位與九星的能量特性移動即可。南方、北方各擁有何種能量，北為定位、一白方位，南為定位、九紫方位——只要利用東西南北等八方位的定位能量與八方位遁行迴座的九星特徵，依序考量方位或星的能量作用，就可以了。這就是先前所說的「定位是什麼，以年盤來推算何者迴座、以月盤來推算何者迴座」等。

找尋吉方位的秘訣

假設長嶋茂雄先生仍然單身。根據一九八九年的年盤來看，他的本命星在東南，因為不能朝結婚的吉方位東南移動，故無法吸收到婚姻的能量。

大家都知道，東南的能量「四綠能量」。一九八九年為二黑土星年，四綠木星的東南能量，迴座於西方位的七赤定位。是以長嶋先生雖不能往東南，但朝西行一樣能吸收到東南四綠艮緣的能量。換言之，即使不移動到凶方位，也能吸收到方位能量。

利用遁行的透過一定法則的年月日的移動，沒有什麽是不可預測的。利用年盤或月盤找尋吉方位，是吸收吉方位的秘訣。

找尋時要注意的，是這年的五黃殺、暗劍殺、歲破、本命殺。這是全年性的凶方位，即使月盤很好，也不能到這個方位去。通常，首先要考慮年盤，如果五黃殺、暗劍殺、歲破、本命殺的方位劃×，再考慮月盤。

就好像我在本書所畫的圖一樣，先畫出家形的方位能量圖。最下方畫出時時不變的定盤，接著疊上終年適用的年盤星，然後再疊上每個月的月盤來推算。

有效使用方位

例如長嶋先生於一九八九年七月的東方位，為三碧的定位，以年盤來看是九紫迴座、月盤是四綠迴座，成為3、9、4的力量方位。那麽，如果長嶋先生長期移動到東方位，會產生何種現象呢？

定位三碧是指「傳播關係及東三碧的『新的東西』」，年盤的九紫是「技術上的事、靈感或藝術活動等」、月盤的四綠則是「獲得艮緣及好評」，故綜合來看，七月的東方位具有吉方位的力量。這表示他可能赴美擔任衛星轉播的大聯盟賽的解說員，並因表現傑出而佳評如潮，並獲得傳播業者的稱讚或表彰。

在適當時機朝吉方位移動，其成果和結果自然相得益彰。而在不知不覺中自然於吉時移動到吉方位的人，屬於運道較強。只是大部分的人都是恰巧相反，在不自覺中朝凶方位移動。能有效地使用方位的話，就能展現最佳行動、吸收好的情報與知識，開創美好的人生。

朝凶方位移動時

那麼，如果朝不好的方位移動，會發生何種情形呢？

假設長嶋先生於一九八九年四月，在北方位購置不動產並遷徙過去，將會發生什麼事情呢？北的定位為一白。一九八九年的四月，從年盤來看有七赤迴座、月盤則顯示為五黃殺，代表凶意。因為是北方位（一白定位）的凶意，所以會生病或捲入男女是非。

月盤上侵犯五黃殺的情形，影響雖不若年盤那麼大，但還是會受到很大的損傷。此外，在人際關係方面，北方位代表上下關係，年盤上迴座的七赤意味著口，口會帶來災禍，與部屬之間的關係可能發生問題。另外，也可能發生男女問題。

那麼，四月朝南移動或長期停留在南方，又將如何呢？

南的定位為九紫、年盤為六白、月盤為四綠迴座。故為月的暗劍殺。九紫代表使技術、靈感發揮作用的能量，是以他獨特的靈感可能無法發揮。

其次是年盤的六白，表示董事長或代表者。意味著棒球隊的監督。因為月盤的四綠代表信用力量，因此到南方凶方位去的長嶋先生，如果在秋天時貿然就任監督一職，則南方位九紫、六白、四綠的力量會全部消失，再度遭遇失敗。例如，以長嶋先生的資質擔任巨人隊的監督，恐怕無法獲得大衆的好評。

到凶方位去時，會受到各方位所具有的現象的侵襲。例如南方爲九紫火氣，其上有六白金星終年迴座於此，四月有四綠木氣這種四綠能量迴座，也就是9、6、4。結果會發生背叛，亦即九紫所具有的好靈感全都不會出現，甚或失去六白的長者的後盾，而在四綠的風評上，也得不到好評。所以一定要非常小心，以避免失敗。

第三章

引導你成功的方位學

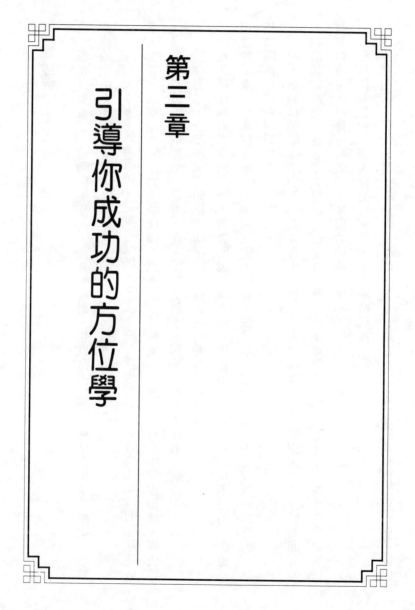

鳶變成鷹……

風水其實就是「環境開運學」。藉著將移動，也就是方位學積極納入生活計劃中，能夠使你的生活更加豐富。

人生大事——像選學校、就業、結婚、生產、置屋或遷移等，在你面臨足以對生活造成重大影響、甚或左右一生的重要抉擇，或者重要性較低，但為了使日常生活更和樂、暢快時，一定要具備方位的知識。畢竟，在人生的道路上，每個人都想走在別人前面……。

對你而言，目前最重要的是包括現在、過去在內的「自我瞭解」。

首先請仔細看看你的父母。俗諺所說的鳶生鷹，畢竟相當罕見。鳶如果不努力，永遠不可能變成鷹，而鷹就算不努力也還是鷹。因此，既是鳶就必須加倍努力。我所說的努力，是指為開拓自己命運而拼命。

但，毫無目標地向前猛衝，並非真正的努力，人應該為了實現夢想、希望或目的而努力。如果想成為鷹，就必須先認淸自己是鳶，然後不斷地努力。同樣是花二十四小時，如果能找到好方位，就能展現效率，使努力開花結果。

包括你我在內，國人正處於富裕、和平的時代裡。

整體而言，現代人是生活於高水準的狀況下。這是由於生活於貧窮時代的祖先們，以建立一個富裕的國家為目標拼命努力，才使得生活水準不斷提升。現在我們或許還是鳶，但已經相當接近鷹，而且有成為鷹的可能。

過去或許辦不到，但在交通工具發達的現代，幾乎可以移動到世界的任何一個角落。在此希望各位巧妙利用自然之賜，用金錢開拓好運、運用方位追求幸福。

藉著移動吉方位，任何人都能獲得有效的方位能量，因此請馬上付諸實行。只要知道方法，一定能如願如償、改變命運。

給女士們的訊息

女性能否過得幸福，是一生中非常重要的大事。尤其是對負責持家的主婦而言，更是如此。我一向認為，只要妻子幸福，整個家庭也會幸福。那是因為，女性，尤其是主婦，是重要的存在者。

吃了由幸福的妻子所做的飯菜，孩子和丈夫的運氣也會變好。

經常吃由愛意盈懷的妻子所做的菜，其中的精華將會變成細胞，當然能獲得幸福。

有人說，笑聲不絕的家庭，一定能擁有幸福。也有人說，如果能吃到美味的飯菜，則生生世世都會非常幸福。

由食物的重要性，即可看出女性力量的強大。那麼，當女性具有召喚幸運的智慧時，會發生何種情形呢？

我要告訴各位女士的，是妳自己能得到幸福、丈夫也會得到幸福，同時還能生下幸運的孩子。

最好從小就教導孩子巧妙利用吉方位。有獲得幸福的父母為種籽，相信孩子一定能從大自然中吸收到更多的幸福能量。

我希望能將此智慧傳達給世人，而非僅為一部分人所知而已。

任何人皆可輕鬆利用的風水——小林流方位學

即使已經進入九〇年代，坊間還是掀起一股靈能者旋風。

我認為，光用靈感來處理事物，是非常愚蠢的行為。因為，就算靈感絕妙，也可能因體調不同而出錯，如果單憑靈感來預測世事或決定未來行動，未免太過勉強而又危險。

在這一點上，任何人只要學了方位學，當天就可加以利用。當然，還要每個利用的人都得到良好結果，否則我無法安心。問題是，靈感、靈力、念力等，即使躲在深山裡修行，也不是人人垂手可得。

我不贊成「心頭滅卻火自涼」的說法。相反地，我認為既然心頭滅卻，一切回歸純真，熱應該變得更熱、冷應該變得更冷才對。人不應太過辛苦，也不宜過度勉力而為，而應該置身於穩定的良好環境下。

談到靈能者，假設你在山中經過嚴苛的修行而得到靈感，試問你會四處張揚嗎？如果你與生俱來就擁有靈感，而且認為：「反正靈感又不必花錢去買，何不把我所知道的一切傳達給他人呢……」，那麼一定能成為對社會有幫助的人。然而，這種人畢竟很少。

方位學也是如此。重要的是要讓所有的人瞭解，並快樂地加以應用。小林流方位學的特徵，就是能自由地應用於日常生活中。

經常有人問我：「到寺廟去參拜要不要講究方位？」我的回答是：「即使是凶方位，也不用擔心。」但根據以往的經驗，在吉方位參拜時的力量，與在凶方位時有明顯的差距。雖然沒有確切的數值，但一般來說，因為有所求而參拜時，朝向吉方位可避開「方位的阻礙」，向神佛祈求時心理上較為輕鬆。

聽了我這番話後，原本每個月都到伊勢參拜的人，或許以方位不好為由中止參拜，但我認為沒有這個必要。

方位吉凶乃是天的法則，而神佛原本就不喜歡被侵犯。所以，即使是造墓，也必須考慮方位問題。

我一貫的原則，就是不在書上寫壞事。比方說，如果我明白指出「這是不好的方向」，恐怕聽的人會耿耿於懷而心緒不寧，所以我認為不必告訴各位不好的方位。不過，近來發生的許多事，卻令我體認到有必要把不好的事告訴各位，於是才有本書問世。

「厄年」是自古以來就有的說法。過去認為只要知道有這個說法就夠了，但近來表示凶意的字眼實在太多，以致人們對於厄年感到憂心忡忡。

事實上，大多數人都不瞭解厄年的真正意義，才因誤解而引起混亂。為免事態擴大，我決定就不好的事情稍作說明。

凶方位也具有帶來好作用的能量

現在再回到本題。不論是吉方位、凶方位或八方位，都有吉凶、表裡。

例如北一白方位，具有隱藏事物、使男女關係良好、不斷儲蓄金錢、秘密不被揭穿、上下信賴關係絕對不會破壞及公司幹部可獲得部下支持的力量。

例如沒有子嗣的夫婦，若吸收北邊的好能量，就能產生得到子嗣的力量，結果當然會有好事發生。但如果把北一白當成凶方位來使用，情況就會完全相反，這個方位的壞的部分，將會成為現象表現出來。

結果，有違倫常、遭部下背叛、上下人際關係脫序、無法儲蓄金錢、夫妻不和等壞事，都會陸續出現。

所以，不論是出現吉或凶，都是一白，也就是北方的能量。最重要的是要當成吉方位來吸收，這樣方位能量才能發揮好的作用。

比起本家中國，日本吉方位的智慧一直殘留著，而日本人導入方位知識的作法更是優秀。從中國傳到朝鮮半島的理論，經由當時日本的學者及為政者絞盡腦汁加以研究，只留下好的部分。方位就如同諸刃劍一般，需要不斷地砥礪。日本人將尖銳的部分去除，使其成為大家都能使用的型態。

也就是說，即使行為上毫無缺失，但如果不知有天的法則，方位存在而生活，是吉方位還好，萬一是在凶方位上，則結果不言可喻。我們的祖先就是知道方位能量，才具有使凶方位能量發揮好能量作用的智慧，並且將其普及化。

因此，好不容易傳承下來的這種智慧，絕對不能讓它再消失了。

產生強烈方位吉凶的海外臨時住宿

對參加升學考試的孩子而言，選擇補習班、學校、宿舍等非常重要。而今，考試戰爭甚至在孩子上幼稚園之前就已經開始了。如果說人從來到世上的那一瞬間，就跌入人生的生存漩渦中並不為過。所以幫孩子選擇好的方位，是非常重要的。

基本上，只要從當年的本命殺、暗劍殺、五黃殺、歲破四大凶方位中，去除會對所有人造成壞影響的暗劍殺、五黃殺、歲破三大凶方位即可。這麼做即使不會帶來好處，也不會產生由凶方位所引起的壞處，能獲得方位的好能量。

關於十五歲以下孩子的方位，如先前所述是以出生月份來看。簡單地說，主要是推算三個凶方位。

例如，一九九四年的凶方位為東南、西北，九五年為東南，九六年為東南、西北、南，九七年為東、西、西南。有的年只出現二個凶方位，是因為歲破與五黃殺或暗劍殺方位重疊所致（一九九五年只有歲破）。

最近頗為流行的「海外臨時住宿」，以高中生、大學生為主。因為是年輕人移到國外暫住，所以會產生強烈的方位吉凶。而且，到的地方愈遠，方位的作用愈強。

當孩子有意在海外尋找臨時住處時，一定要仔細選個好方位才行。其推算方法是，利用本人的本命星（高中、大學生為出生年，中學生以下為出生月）找出吉方位來。美國是很多年輕人考慮海外旅遊時的首選，而它正巧位於東方位。年輕人移動到凶方位時，可能會喪失最重要的能量，必須注意。

一般而言，只要停留七個月，就會吸收到力量。

父母調職會改變孩子的命運

選擇吉方位出生的孩子，如果要按照父母所希望的道路順利前進，應該怎麼做才好呢？

小學生～中學生的九星表及各月的階段

	九紫	八白	七赤	六白	五黃	四綠	三碧	二黑	一白
1973年				1/5～	2/4～	3/6～	4/5～	5/6～	6/6～
	7/7～	8/8～	9/8～	10/8～	11/8～	12/7～			
1974年							1/6～	2/4～	3/6～
	4/5～	5/6～	6/6～	7/7～	8/8～	9/8～	10/9～	11/8～	12/7～
1975年	1/6～	2/4～	3/6～	4/5～	5/6～	6/6～	7/8～	8/8～	9/8～
	10/9～	11/8～	12/8～						
1976年				1/6～	2/5～	3/5～	4/5～	5/5～	6/6～
	7/7～	8/7～	9/7～	10/8～	11/7～	12/7～			
1977年							1/5～	2/4～	3/6～
	4/5～	5/6～	6/6～	7/7～	8/8～	9/8～	10/8～	11/7～	12/7～
1978年	1/6～	2/4～	3/6～	4/5～	5/6～	6/6～	7/7～	8/8～	9/8～
	10/9～	11/8～	12/7～						
1979年				1/6～	2/4～	3/6～	4/5～	5/6～	6/6～
	7/8～	8/8～	9/8～	10/9～	11/8～	12/8～			
1980年							1/6～	2/5～	3/5～
	4/5～	5/5～	6/5～	7/7～	8/7～	9/7～	10/8～	11/7～	12/7～
1981年	1/5～	2/4～	3/6～	4/5～	5/6～	6/6～	7/7～	8/8～	9/8～
	10/8～	11/7～	12/7～						
1982年				1/5～	2/4～	3/6～	4/5～	5/6～	6/6～
	7/7～	8/8～	9/8～	10/8～	11/8～	12/7～	1/6～		
1983年								2/4～	3/6～
	4/5～	5/6～	6/6～	7/8～	8/8～	9/8～	10/9～	11/8～	12/7～
1984年	1/6～	2/4～	3/5～	4/4～	5/5～	6/5～	7/7～	8/7～	9/7～
	10/8～	11/7～	12/7～	1/5～					
1985年					2/4～	3/5～	4/5～	5/5～	6/6～
	7/7～	8/7～	9/8～	10/8～	11/7～	12/7～	1/5～		
1986年								2/4～	3/6～
	4/5～	5/6～	6/6～	7/7～	8/8～	9/8～	10/8～	11/8～	12/7～
1987年	1/6～	2/4～	3/6～	4/5～	5/6～	6/6～	7/8～	8/8～	9/8～
	10/9～	11/8～	12/7～	1/6～					
1988年					2/4～	3/5～	4/4～	5/5～	6/5～
	7/7～	8/7～	9/7～	10/8～	11/7～	12/7～	1/5～		
1989年								2/4～	3/5～
	4/5～	5/5～	6/6～	7/7～	8/7～	9/8～	10/8～	11/7～	12/7～
1990年	1/5～	2/4～	3/6～	4/5～	5/6～	6/6～	7/7～	8/8～	9/8～
	10/9～	11/8～	12/7～	1/6～					
1991年					2/4～	3/6～	4/5～	5/6～	6/6～
	7/7～	8/8～	9/8～	10/9～	11/8～	12/7～	1/6～		
1992年								2/4～	3/5～
	4/4～	5/5～	6/5～	7/7～	8/7～	9/7～	10/8～	11/7～	12/7～
1993年	1/5～	2/4～	3/5～	4/5～	5/5～	6/6～	7/7～	8/7～	9/8～
	10/8～	11/7～	12/7～	1/5～					

	九紫	八白	七赤	六白	五黃	四綠	三碧	二黑	一白
1994年					2/4～	3/6～	4/5～	5/6～	6/6～
	7/7～	8/8～	9/8～	10/8～	11/7～	12/7～	1/6～		
1995年								2/4～	3/6～
	4/5～	5/6～	6/6～	7/7～	8/8～	9/8～	10/9～	11/8～	12/7～
1996年	1/6～								

【表的看法】

比方說，出生於1978年2月24日生的孩子，是1978年2/4～這一欄，出生星為八白土星。

○/△是指「從○月△日開始」，亦即指到翌日階段的前一天。

又，各月並非從1日算起，而是根據不斷變更的吉方月來排定，故可利用此表進行月的階段檢查。

以前認為十八歲之前，要以出生月的九星來決定方位，十八歲起則以出生年的九星來決定方位。但小林流方位學卻主張，從高中開始以出生年的力量來決定方位。因為從肉體上看，已經具備大人的外觀了。

那麼，上高中以前的孩子，方位情形又如何呢？我認為，比起本人直接的方位，父母移動時的命運方位所造成的影響更大。

像必須跟著父母調職而遷移的情形，就是很好的例子。小孩子的方位大多以出生月來推算。由於分類極細，故特別列表以供參考。

與他人的交往、交際能順利進行，是人類社會的必要條件。

不只是與父母、兄弟姐妹，還要經常與他人接觸，生活才算成立。

為了使成立順暢進行，方位能發揮很大的

作用。

就拿結婚來說吧！如果不知道使自己得到幸福的方位，可能會使你遭遇不幸。戀愛也是如此。下面就以相親為例，為各位敍述充分活用方位力量的方法，以及如何考量方位的問題。

什麽是使相親和約會成功的方位力量？

應該如何推算出適合的相親地點的方位呢？一般都是由男方來選擇好方位。近來人們大多選在飯店相親，因此，平常就要以居住地為中心，查明飯店所在方位。

假設你住在東京，則以市區各大飯店為主畫一條方位線，看看其所在的方位。如果年月都是吉方位，又具有對姻緣發揮好作用的能量（四綠與七赤或二黑），那就更好了。

一般來說，很少能發現對相親雙方都是吉方位的方位。萬一相親地點不是吉方位，但又很喜歡對方，不妨利用兩人獨處的時候，移到屬於吉方位的場所餐廳等地。至於平時，則要以自己的住家為中心，將各方位與主要建築牢記在心。

約會時，方位感覺也能發揮很大的作用。如果選擇對雙方都不好的方位，例如到年或月的暗劍殺、五黃殺、歲破等方位去時，即使時間很短，也會使幸運力量降低。

蜜月旅行時發生意外事故，通常都是因為蜜月地點在凶方位的緣故。最近，接連發生多起新婚夫婦在海外遭暴徒襲擊的事件。例如一九八九年三月，一對任敎於橫濱某學校的新婚夫婦，在前往曼谷度蜜月時，不幸慘遭當地計程車司機襲擊，造成丈夫死亡的悲劇。這一年西南為暗劍殺方位，而從日本來看，曼谷就在西南方。

當約會或旅遊的方位不好時，往往會導致悲劇。為了避免災難、兩人快樂度日，就必須避開五黃殺、暗劍殺、歲破這三大凶方位。

避開三大凶方位的完美生產！

對女性而言，結婚生子是一大喜悅。但在喜悅的同時，還有養育子女的重大責任在等待著。

這時，方位對於母體或即將出世的孩子的人生，會產生很大的影響。因此，選擇生產的醫院時，必須將方位一併納入考慮。

因為醫院的方位不良，以致被迫臨時改為剖腹產，或因產後處置不當而留下後遺症的例子很多。

友人的妻子就是在位於暗劍殺方位的醫院生產，才必須接受剖腹產。

剖腹產倒也沒什麼，問題是醫師手術後處置不當，原本應該使用一段時間後會自動溶化的線，結果卻錯用會永遠殘留體內的線縫合傷口，以致再也無法有第二個孩子。

後來她到方位較好的婦產科去，發現了處置不當的問題，於是再次施行手術，後來以自然分娩手術順利生下了第二個孩子。

第三個孩子於一九八九年一月出生。這時必須注意的是，以節分為交界的方位吉凶會改變。在一、二月生產的人，必須特別注意。

以一九八九年來說，節分前是西方位不艮，節分後則是西南方位不艮。友人在獲知妻子懷孕後，立刻根據預產期算出孩子會在節分前出生，於是選擇了一家位於西南方位的醫院。

如果方位不艮，則一開始就不要利用這家醫院，即可避免方位所造成的凶災。

例如，預產期在一九八九年十二月的女性，如果一開始就選擇位於西南的醫院，由於西南方位為暗劍殺，因此會產生凶方位作用。反之，如果從一九八八年就前往西南方位的醫院就診，但預計在一九八九年四月生產，則不必擔心凶方位作用。

生產時，只需排除五黃殺、暗劍殺、歲破及母親本身的本命殺等方位即可，如果無法辦到，首先必須排除五黃殺、暗劍殺及歲破方位。

到凶方位旅行會導致身體不適

在注重與他人接觸的現代生活中，常常因為出差或團體旅行而不得不到違反自己意志的凶方位去。到凶方位旅行時，可能發生什麼意外呢？有沒有預防的方法呢？

利用方位，可以推知對健康和未來的影響，以及今後的發展。

例如，基於某些因素必須到凶方位停留幾週，或出差地在凶方位時，不妨將其視為運氣正在走下坡，亦即暗示著某種凶意會出現。

不得不到五黃殺、暗劍殺、歲破的方位去時，一定要先檢查身體。因為，凶意作用會使身體變調。

住院作身體檢查也要慎選方位

作身體檢查時，必須注意以下要點。那就是，一天就可完成的檢查還好，如果必須住院三、四天，則必須選擇吉方位。萬一必須住院四天以上，則方位作用更強。

如果選擇在凶方位作身體檢查，或許會發現一些令你失望的疾病。當然，早期發現疾病早期治療，有助於延長壽命，問題是在凶方位接受檢查時，往往會發生一些意想不到的事情。

例如，只不過是生個小病，卻因為誤診或看錯資料，以致診斷為比較嚴重的疾病或說出一些含混不清的病名。而患者在知道以後，往往會深受打擊，甚或變得神經衰弱，對以後的生活造成重大影響。

此外，住進凶方位的醫院時，偶爾也會發生浪費大筆金錢或突然死亡等情形。

即使找的是名醫，當你侵入凶方位住院時，醫師的能力也會變得遲鈍，以致原本應該發現的疾病卻沒有發現。

當然，也有與前述相反的情形。

這全都是由方位所造成的。因此，要將方位當成健康生活的智慧善加利用。身體較弱、有疾病傾向或生急病時，選擇醫院一定要注意吉方位的問題，特別是要避開暗劍殺、五黃殺。

被送往暗劍殺的急救醫院去時，你的壽命也到此終結

當你因為急病被送往醫院時，醫院的方位將會決定你的命運。

當然這也可能只是巧合，但如果入住的醫院正好在暗劍殺方位，則你的壽命或許將到此終結。

若是五黃殺方位，則病會拖得很久。若是在本命殺方位，則病情不太穩定，有時似乎已經復原，有時卻又突然惡化。如果是在歲破方位，則會出現令家人擔心的病情。我這麼說各位或許很難相信，但是方位的吉凶，會正確地反映在你的命運上。

不過，將你送到醫院的救護車並沒有罪，你的命運，是由所在的醫院方位來決定。如果你幸運地被送往吉方位的醫院，則任何病都能治好。由此可知，吉方位的作用很強。

如果事先知道住所與醫院之間的方位關係，不妨請救護車司機把你送到那家醫院去。

在此我要大聲疾呼：「住院時一定要選擇吉方位」。

選擇更好的工作場所

如果是要選擇工作場所，又該怎麼做才好呢？

下面就為各位列舉具體的例子。

英文裡有「U Turn」一詞，其實就相當於到大都市去升學、就職，後來又回到鄉下故鄉的現象。

如果你有志於「U Turn」，那麼我建議你看看方位。這時可以從二個方向來看方位。其一是從出生地來看方位。以出生於富山縣為例，東京就在東南方位。假設某人在大學以前都住在富山縣，後來前往東京工作，打算幾年後再回到富山縣。這時，從富山到東京時的方位吉凶，對此人的人生，已經產生三分之二的方位作用影響。

換言之，從東京回到富山縣時的方位作用，比東京出生的人移到富山縣的作用更少。那是因為，在富山縣成長的魂，還留在那兒的緣故。不過，儘管和初次因調職或遷居而離開的情形相比，回到故鄉只能產生三分之一以下的能量作用，但其影響力還是很大。

這種情形吉方位、凶方位皆然。

非出自本人意願而調職移動到凶方位去時，可至調職當地的寺廟祈福。此外，如果從出生地看調職地點是在吉方位，別忘了拜謝神佛賜給你的幸運。

開始發展事業……

開始一項新事業或打算開業時，應該注意那些事項呢？

開始新生意或開設分店時，首先必須考慮方位問題。一般而言，要避免五黃殺、暗劍殺及歲破方位。如果還能避免代表者或分店店長等最高指導者的本命殺方位，那就更完美了。

在自宅開始新事業時，通常是直接將家裡的房間當成辦公室，或是稍加改裝後當成辦公室使用。

改裝自宅當成辦公室使用時，從家的中心來看，要避開五黃殺、暗劍殺、歲破、本命殺等方位，以免對全家人造成不良影響。

如果是在自宅以外的地方開業，則除了避開四大凶方位以外，還要選擇對主人而言的吉方位，這樣就能一帆風順了。

利用方位的交易方法——營業時利用八方位

從事營業工作或有業績壓力的人，如果不知方位作用與交易、營業方針的關係，恐怕連老天也幫不了你。反之，只要注意方位並巧妙加以利用，就能提升業績。

那麼，有關交易客戶的方位，該如何注意呢？下面就為各位探討一下。

●東方位的交易

東方具有「快速」的能量作用，是以生意大多能快速進行。但反過來說，做生意的對象可能性格比較急躁，一旦你決斷不夠明快、回答不夠迅速或說話結巴，都會成為阻礙。

●西方位的交易

西方是「遊玩」的方位，因此談生意要先從玩樂開始，不要一開始就切入正題。

「上禮拜打高爾夫球的成績如何啊？」

「你知道那家俱樂部的小姐比較正點嗎？」

不妨以玩樂話題為引子，慢慢地談到生意方面。此外，酒對談生意也很有幫助。

●北方位的交易

極端地說，北方位是資金短缺的缺錢方位。也可以說是價格便宜的方位，故不適合引進昂貴的商品或討論金額龐大的交易。

另外，還要注意避免發生不履行支付義務的金錢糾紛。

一旦取得對方的信任後，就會不斷與你交易，因此一定要秉持誠信來做生意。

●南方位的交易

在南方位進行交易時，為免文書、文件、印鑑等或在締約時產生糾紛，必須充分作好事前準備。事實上，明明已經簽好約，對方卻要求重訂合約的例子並不少。此外，即使對方看起來相當氣派，經營狀況看來也很好，也必須小心應付。因為對方很可能只是虛有其表，千萬不可上當。

另外要注意的是，絕對不可輕易動怒或與對方爭執。

●東北方位的交易

與東北方位的人交易時，要經常提供新產品或以賺錢的新點子為話題。因為，這個方位隨時都在尋找「變化」。

當然，你必須覺悟到，自己隨時都可能被其它競爭對手取代……。

「有空就上我這兒來吧！」

對方會輕鬆地提出這樣的要求。

做生意時，要注意避免不必要的浪費。到東北方位去時，要注意意外事故，避免糾紛。

●東南方位的交易

東南方位情形又如何呢?這個方位做生意講求信用第一。當然,不管在任何方位信用都很重要,但其中以東南方位為最。

切記不要捲入蜚言流語當中,也不要隨便批評他人。

由於對方付錢非常爽快,因此你可以安心地和他做生意。

●西南方位的交易

西南是「尊敬古老」的方老。

要選擇自古以來就被認為是最好、評價極高的商品。即使外形比較老舊、跟不上流行,只要掌握堅固、耐用的原則,就不會錯了。現今各種新產品充斥於市場和店面,但卻很快就消失了,因此千萬不可隨波逐流,一味地追求流行。

●西北方位的交易

與西北方位進行的交易,可能是大交易。但是,這個方位需要有強力的後盾。

必須依賴獲得社會認同的人士或前輩的支持,或者透過自己公司老板直接介紹,也就是藉由長者的提攜,才能做成大生意。

當然，光是表面冠冕堂皇，內容卻空洞無物，也無濟於事，必須注意。

單身調職到凶方位……

對上班族而言，調職似乎是一種宿命。雖然現在也有年輕上班族敢拒絕調職，但這畢竟只是少數。

接獲調職令後，首先想到的是能否帶同妻兒前往。其它如房子、小孩上學等等，都是令人頭痛的問題。

這時應該做的，是考慮全家人的各個方位。

假設調職的目的地，這年正好是暗劍殺、五黃殺、歲破等凶方位，則最好單身赴任。因為，當全家人一同前往時，方位作用會強烈出現。那麼，單身上任時，作用會持續多久？方位作用的效力，通常會持續約七個月。為了減輕凶意，可在抵達任地以後，先到當地的寺廟參拜一番。

方位作用會在1、4、7這個數字出現時，產生強烈影響。根據我的經驗，方位能量現象會以一日、四日、七日、一個月、四個月、七個月、一年、四年、七年的周期強烈出現。四個月還不要緊，一旦住上七個月，就會進入這個能量圈。

小林流方位學主張，旅行時只要住四天以上，就會使方位能量全力運轉。所以，為了開運，可進行住宿四天以上的吉方位旅行。

股票投資賺錢法

今日的東京，已經躋身世界經濟中樞。而東京證券交易所的交易額，已經超過美國的華爾街，名列世界第一。

東京的外幣交易，立刻就會傳遍世界各地，對海外市場的價格形成影響甚鉅，說它是世人矚目焦點並不為過。

由於日幣升值及旺盛的經濟活動而累積豐厚資金的日本，如今成為世界各國投資的目標。另一方面，日本國內也掀起財團投資的風潮。在這一點上，日本對於世界經濟的確有所貢獻。

只要住在日本，就不能對經濟漠不關心。

假若你對方位正好有正確的認識，則必能在股票投資上獲得成功。

首先要瞭解的，是你打算投資的公司，近年來是否曾在凶方位設廠或企圖進軍海外？根據我的方位學來看，不論是在凶方位設廠或進行海外投資，結果都一目瞭然。即使目前的營業額很高，不久的將來一定會暴跌。

股價波動與公司業績未必一致，不過通常都是先有好的業績，才促使股價上揚。為了日後能派上用場，我建議各位好好研究本書。

也有人故意購買遷往凶方位的公司股票，因其業績在最初的一、二年內會顯著上升，藉此賺取暴利。這時最重要的，是要在適當的時機釋出手中的股票，千萬不可存有長期投資的念頭，以免血本無歸。

我不建議各位採用這種冒險的方法，是以本書並未深入探討。日後如果有機會的話，再為各位詳細介紹。總之，如果你要買股票，絕對不要買遷往凶方位的公司的股票。

以價格可能上升的股票為目標

以小林流方位學來看，一九九四年汽車、鋼鐵、不動產業等行業會遭遇重大打擊。原因是汽車是西北的能量，不動產是西南能量，而西北、西南正是暗劍殺、五黃殺等凶方位。因此，我建議各位一九九四年不要購買這類股票。

請以下表作為參考，對方位和行業仔細研究一番。

受到北、一白方位作用的業種——水產業、乳業、釀造、石油相關業
受到西南二黑　〃　——不動產業
受到東、三碧　〃　——電氣、廣播、通訊、電力關係、窯業
受到東南、四綠　〃　——運輸、輸送、林業、紙漿、造紙

受到西北、六白〃——汽車、鋼鐵、金屬、精密機械、機械、商業（公司）
受到西、七赤〃——金融、食品
受到東北、八白〃——建設業
受到南、九紫〃——化學、保險、商業（百貨公司）

今後會繁榮的產業

以方位學來看，今後有那些方位會大為繁榮呢？

一般而言是服務業及休閒產業。

健康、觀光、更新……等，都是人類得自於自然現象的。不論是眺望廣潤的海洋或凝視高山，人類接觸自然的機會愈多，心靈愈能擁有更多餘地。

能否發現適合自己的自然，是有效地更新自我、活得朝氣十足的關鍵。巧妙利用方位學，到與自己適性相合的方位旅行，是更新的主要重點。我稱之為吉方位旅行。

目前，國人已經到了必須更新身心的時期。而更新產業也就是休閒產業，如今已然成為第三次服務業大放異彩。

大衆傳播有所謂大深度地下的說法，積極鼓吹地下的有效利用，於是有地下街興起，裡面商店林立，飲食店和娛樂設施更是不斷擴充。但是，就大地能量來看，有益的地脈紛紛被地下工程截斷，致使大都市喪失了原有的土氣，這點頗令人擔心。遺憾的是，目前還無法以科學方式計算出確切的數值來。

忽視方位的不動產買賣會縮短壽命嗎？

在方位不好的地點購買不動產，或許可以用很便宜的價格買入。但是這麽一來，凶方位的作用，將會使買者遭遇異常變化。

例如，原本還能活三十年的人，可能因為買了這塊土地而縮短十五年壽命。當然，人並不知道自己壽命的長短，就算知道，有的人也會為了少活十五年卻買到便宜的土地而欣喜若狂。只是，仔細想想，金錢真的值得用生命來換取嗎？

新家剛建好就出現家相變化，如丈夫死去或家人生病，就是由於新建或遷移住宅所產生的方位作用。

作家色川武大（阿佐田哲也），於一九八九年四月十日因心肌梗塞猝死。而他剛於同年二月底，從東京搬到岩手（東北方位，五黃殺凶方位）。為什麼沒有考慮到方位作用呢？我實在不敢置信。在都市，一般人在改建住宅時，通常會暫時租別人的房子住，等到新家蓋好後再搬回來。在搬出、搬回的過程中，例如原本是暫住在五黃殺方位，而今卻搬回暗劍殺方位，好不容易蓋了新房子，卻因凶方位作用而受苦，實在是愚不及的事情。

因此，在不動產方面也要注意凶方位的問題。

買車要注意零售商所在的方位

現在，我們來探討一下幾乎是生活必需品的車子和意外事故的問題。

買車時，如果從你的住所來看，零售商的營業處不在好的方位上，則買來的車可能經常故障或持續發生事故。

很多人買車時都忽略了方位問題。但事實上，買車就好像車子嫁到你這兒來似地。

至於修車，則如同妻子生病住院，必須選擇到吉方位去修理。

不論是買車或修理，都必須避開五黃殺、暗劍殺方位。萬一非在這個方位購買不可，最好先到位於吉方位的寺院祈福以消災解厄。此外，初次駕駛時，必須以吉方位作為目的地。

如果能選擇年盤、月盤、日盤都是吉方位的方位，那是再好不過的了。

便宜的高爾夫球會員證有漏洞嗎？

在不動產價格飆漲的今日，擁有一棟房屋是每個人的夢想。

住在公寓裡的人們，則渴望擁有一張高爾夫球會員證。

奉勸各位，千萬不可因為便宜而去購買。因為根據年盤來看，在四大凶方位等方位不良處，就有便宜的會員證出現。問題是，便宜的部分將會由其它麻煩來補充。因此，最好還是購買對你而言是吉方位的會員證。

如果非到位於凶方位的高爾夫球場打球，最好選擇對你而言，這個高爾夫球場在吉方位的某個時期或是當月的吉方位再去。

利用小林流高爾夫球必勝法獲得勝利的快感！

當你和公司同事或朋友一起去打高夫爾球時，可能會發現有人手上拿著巧克力或摸著高爾夫球。這表示，球友當中一定有一個他不願意輸的對手存在。

想要獲勝，就必須選擇對自己而言是吉方位的球場。同時還要事先調查對手的出生年月日，選擇在對他會造成壓力的方位（一般來說是本命殺方位的球場）進行比賽。

即使頭一次未能獲勝，重複兩、三次後一定能獲得勝利。

古人有云：「咀咒他人者必自食惡果」，因此千萬不可懷著惡心去使用此一方法。否則的話，凶方位能量一定會回到你的身上。總之，只要參照本書，找出與自己適性相合的高爾夫球場，必能在比賽時取得好成績。

高爾夫球是在土上進行的競技，故大地能量為方位的基本，結果當然會產生強烈的方位吉凶。所以，一定要注意方位，小心選擇高爾夫球場。

選擇貿易國時也要考慮方位……

隨著交通工具、通訊設備的發達，地球間的距離似乎愈來愈小了。至於人類，則是在地球這個命運共同體上共同生活。

以此為背景，產業的國際分業化不斷進步。在強調貿易重要性的同時，像日本一樣陷入單向交通的貿易國，往往遭到其它國家的指責。下面就從方位學的觀點來探討這個問題。

首先，從日本來看，美國位於東方，經常會有新的智慧出現。

即使是到現在，美日之間仍然維持前者開發新產品，後者立刻採納並製造出更優良商品的關係。在這種情況下，美國當然會對日本懷恨在心。這種情形一旦長久持續下去，哪怕雙方關係再友好，終究有撕破臉的一天。為了改善關係，雙方應該秉持施與受的精神，建立比以往更堅固的合作關係，並具備同是世界經濟中心國的自覺，才能確保安泰。

包括NIES在內，發展顯著的東南亞，位在日本的西南方。日本與這些國家的交易，主要是購買便宜(西南、二黑方位意味著「便宜貨」)、堅固耐用的商品。

俄羅斯位於西北方位。受限於層層限制及障礙，在貿易方位困難重重。以日本投下大筆資金及技術的西伯利亞開發計劃為例，還得有美國作為後盾才行。西北方位意味著不管如何處理，都對對方有利，因此，以俄羅斯今後將成為極為難纏的對手。

在西北方位的歐洲，有英、德、北歐三國。隨著EC聯盟的成立，日本在與這些國家的交易逐漸取得了優勢。不過，仍然需要和美國攜手合作。

中國、韓國在日本西方，相當於歐洲的義大利、法國、西班牙等地中海地方的國家。這個方位是以服飾相關業務（西方的能量）的交易為主。

與東南地方的貿易，原本對日本而言並無不艮材料，是支付金錢的好方位。包括巴西、墨西哥在內的中南美諸國都在此地，日本挾其龐大資金進行融資，形成出超過剩的現狀。

東南方位具有「風」的現象，風評好壞與實際情形似乎無關。為了獲得較高的評價，今後日本應該多多參與援助工作。至於歸還借債的問題，則頗令人懷疑。

澳洲在南方位上。南方位自古以來就是「注意契約事項」的方位。因此，在擬定契約文件時必須特別注意。

近年來，日本掀起一股到海外觀光、留學、退休的旋風。其中，移民的人多半會再回到日本。我認為，這是由於方位作用所致。

在東北方位有加拿大。這個方位顯示「變化、革命」，因此日本對加拿大應保持冷靜的態度。出口到加拿大的製品，比出口到其它國家更容易損壞、瑕疵品更多，以致容易引起糾紛。由加拿大看，日本位於西南方位，而西南向來予人「古老、耐用」的印象，但事實上卻有很多瑕疵品出現，難怪會經常發生糾紛。

貿易應該基於互助精神，所以要充分考慮對方的立場。

那麼，由對方來看日本又是什情形呢？由加拿大看日本的例子前面已經敍述過，那麼中南美諸國又如何呢？日本所在的西北方位，意味著「地位較高的支援者」，而事實也的確如此。

從澳洲來看，日本所在的北方，意味著對金錢十分吝嗇。的確，在澳洲人的眼中，日本固然多金，卻非常吝嗇。每當雙方發生糾紛時，這種想法就會毫不掩飾地顯現出來。

從東南亞諸國來看，日本在東北方位，具有「變化」的力量。因此，在他們的眼中，日本是一個會隨時改變貿易伙伴的國家。

美國人又是如何看日本的呢？不妨從西方位的作用來看。在美國人眼中，日本原來是一塊快樂地、休閒地，結果卻搖身一變成為商業大國，難怪他們會感到不知所措。

以上就是能看穿與實體不同本質的方位學的神秘之處。

昭和天皇葬於多摩御陵的方位因素

家相學認為，玄關朝南、巽（東南）方位較好。

進入巽的玄關，向主人打招呼說「您好」時，頭是朝西或乾（西北）方向低下。一般住家在西北或西側大多設有佛壇，是以這就意味著向這家的祖先低頭。

方位學大多主張在西山祭祀先祖，故西是比東更高的方位。例如，埋葬昭和天皇的多摩御陵，從皇居來看就是在正西方位。

出迎者從乾（西北）朝東南迎接客人，來到家人地位最高的座位。坐在那兒的客人，這時當然是背向西或西北。

由此可見，古代人在日常生活中即納入方位觀念。到了現代，此一傳統不僅應用於住所，也應用於各處。所以，如果無視於方位，則什麼事都無法成功。

以方位學來看都市的遷移與遷都論——

有人主張將東京都移到新宿副都心。

遷都不只是對市民，對整個日本都會產生很大的方位能量作用。

從丸內移到新宿，是朝西方位移動。

有人主張要在一九九一年三月遷移，但是這一年的年盤本身就有問題。因為，九一年是九紫火星未年的年盤。

這一年的凶方位北為五黃殺、南為暗劍殺、東北為歲破。另外，從年盤來看，西的七赤方位有二黑迴座，並非凶方位。

丸內→新宿副都心（朝西方位遷移）。如果在1991年3月中旬遷移，九紫火星未年的年盤如下表所示。

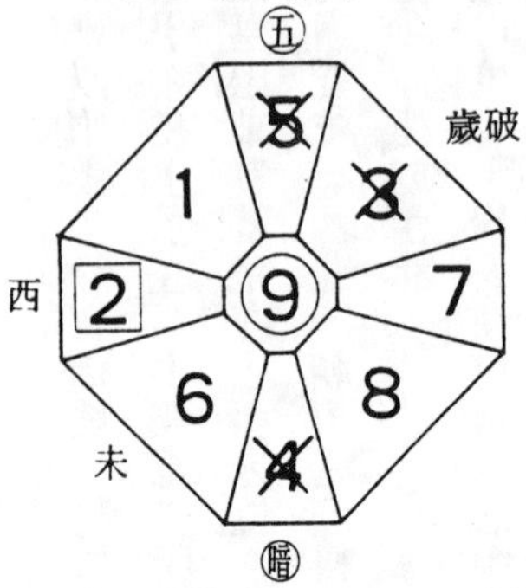

根據年盤推算，西的七赤定位有二黑迴座。

1991年3月根據66頁的月盤表顯示，為四綠卯月。根據年盤應該劃×，不是很好的吉方位。

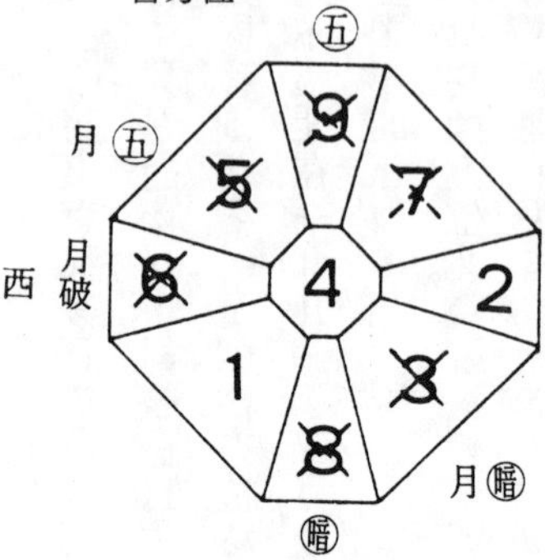

但因只是月破程度，故不會受到很大的損傷。

根據月盤表顯示，一九九一年為四綠卯月。而西北為月的五黃殺、東南為暗劍殺、西為月破，因此在這些方位劃×。由圖可以瞭解，西方並非完美的吉方位，但也只不過是月破程度，所以不會受到很大的損害。

西方位為7、2、6。定位七赤金星、年盤二黑土星、月盤為六白金星迴座，是好時期。

發展為經濟都市固然很好，但必須注意的是，都市建築物具有「不良外觀」。心成形、形表心，即使遷移到吉方位，如果真正的目標變形，結果可就令人擔心了。

其次，我們從方位學的觀點來探討遷都的問題。

就方位來看，從東京遷出以西方位最為適合。

從東京看，宮城、仙台在東北方位。假設

遷移到這個方位，日本經濟將會產生很大的變化。為什麽呢？因為東北方位丑寅方位，具有「形成與以往相反型態」的方位能量。例如，以往繁榮會變成衰退，以往低落的情勢可能會重新奮起。因此，對於那些想把目前非常富裕的國家，遷往會造成損失的方位去的人，其想法我實在很難瞭解。

日本民族從大陸不斷東移，如同旭日東升般不斷發展。由於西方孕育著「經濟發展」的好能量，因此如果真要遷移東京都的話，應該遷往西方位，才能真正成為經濟大國、經濟之都。雖然遷移具有被休閒、遊樂奪去心志、喪失生產意願，或者以服務業和金融為主的經濟發展力量只是暫時興盛的可能性，但只要遷往吉方位作用，就能增加穩定感，慾望和收穫不會改變，能以淡然心境來看世界，成為穩定、懂得應對的成熟大國。

就算只是遷移市政府而不遷都，也能充分發揮能量，只是目前還不到這個時期。

從方位看羽田、成田機場的未來

國際機場是國家的玄關。相當於玄關的機場，例如羽田機場，使日本繁榮。

下面就為各位說明其原因。

自明治以後的西洋文化、文明，幾乎都是從橫濱進入日本。因此，橫濱成為日本與世界往來的場所。從東京來看，橫濱在南方位，屬於「文化、文明、智慧」的方位，能為日本帶來許多好處。

時至今日，飛機已經取代船舶成為往來世界各地的主要交通工具。羽田相當於東南的巽方位，是掌管交際與交易的能量場所。換言之，具有這種能量的羽田，很適合成為國際機場。因此，日後國際機場可能從成田變回羽田。

成田相當於鬼門方位，是守護方位，可供自衛隊使用。另外也是建倉庫的方位，故可當作貨物專用機場。

如果成田擁有機場，遷都論將會爭得更加激烈。因為，機場的位置，會對整個國家造成影響。

接近都心的羽田，成為迎接世界各國要人的機場，乃是合理（方位）的事。

車站，大都位於城鎮中心。以車站為中心眺望四周，會發現車站的一邊非常繁榮，另一邊則呈現寂寥景象。

以東京車站為例，東側為八重洲口、西側為丸內。新宿在開始時，東側較為繁榮，現在則以西口佔壓倒性優勢。橫濱也是西口較為繁榮。那麼，為什麼西口較為繁榮呢？

人出入的口，以南、東南、東方位較爲理想。朝向旭日東升的車站，意味著人口多半住在東站的西側～北側。西口側有較多人居住，自然會比較繁榮。像東京首屈一指的高級住宅區田園調布就在西口，成城學園則在北口。

有人說如果朝北建造墓園，會使一族滅亡。因此不管再便宜，也沒有人將墓地朝北。

狄斯耐樂園為什麽建在浦安？

起源於美國的狄斯耐樂園，是以兒童為對象的休閒產業。那麽，日本的狄斯耐樂園為什麽要設在浦安呢？下面我們就來探討一番。

浦安占地廣大，從東京來看是在東南方位。

東或東南是最適合兒童及遊玩的方位。

兒童需要旭日東升方位的能量。建在這個方位的狄斯耐樂園，既對兒童有益，結果當然非常繁榮。

此外，首都也可以看到這個大型設施。以鄰近的韓國為例，從東京看（在西方位）與從博多看（在西北方位）雖然不同，但不論是國與國的交際或發生重大事件，都要以首都對首都來看。

瞭解方位的人能預測地震或意外事故

為了寫本書的首稿，我於一九八九年二月十九日從東京出發，結果白天在關西、東海地方，晚上則在以東京為主的許多地區發生地震。

白天發生地震的關西、東海地方，從東京看是在暗劍殺這個最不好的方位。而晚上襲擊東京的地震震央，從東京看是在東北方位，為五黃殺。

由此可知，由東京看屬於不艮的方位，很容易成為震央。東京是日本首都，人口最多，就某種意義而言是屬於日本的肚臍位置，因此單就方位來看，預料可能會發生以東京為中心的重大事故或地震。

事實上，過去日本遭遇的意外事故，大多發生在以東京為中心的凶方位上，或是因為凶方位移動而引起的。

下面就來看看發生於一九八八年的東京中央線、東中野車站電車追撞事件。附帶一提，中央線是連結東京東西的幹線。

一九七九年發生東名高速公路日本坂隧道事故時，東西方位為五黃殺與暗劍殺。而一九八八年，同樣是東西為五黃殺、暗劍殺之年。

因為這個緣故，在五黃殺、暗劍殺方位移動的交通工具，會發生嚴重問題。一九八五年間，東西雖非凶方位，但是八月十二日卻發生日航班機墜落群馬山的事件。

一架從東京飛往大阪的日航班機中途發生故障，結果墜落在群馬縣的山中。而從東京來看，這是最不好的方位（這年為六白丑年，墜落地點從羽田機場來看，是在西北的暗劍殺凶方位）。

瞭解方位的人都知道，飛機朝凶方位飛行時，墜落的可能性極高。

此外，一九八八年七月二十三日發生於橫須賀的「灘潮」「第一富士丸」互撞事件，也相當悲慘。

事故現場在東京的正南方位。七月為九紫方位的九紫方位的九紫月。換言之，南方位為暗劍殺，是最不好的方位。南方位的凶作用會使判斷、直覺紊亂，可能會發生二次錯誤或侵犯對方。

因此，從方位來看，我認為這起意外事故，應該是由判斷錯誤所造成的。

在九紫年或到月的五黃殺、暗劍殺方位旅行，很可能發生震驚國人的意外事故。反之，如果是到吉方位去，即使發生意外，也不會是重大事故。

因撞擊而沈沒的釣船「第一富士丸」的乘客，大多是東京人士。換句話說，這起事故是因從東京移到橫須賀這個南方的凶方位才發生的。

由於東京是首都，因此所有足以動搖國本的重大事故，都必須從東京的方位來看。至於與自身有關的事情，則必須從居住的地方來看。

是方位能量的作用嗎？太空梭事故與橫濱的船艙火災

一九八六年一月二十七日，在美國發生了太空梭爆炸，全部乘員死亡的意外事件。

從日本看，美國在東方位。一月二十七日是節分前，要以一九八五年來算，故為六白金星丑年。在月盤方面，一月同為六白，因此年月都是6、6。

事故發生在東四綠方位。四綠方位具有「流行、信用、人緣」等能量，所以從方位學來看，這次意外並非起因於機械不良，而是由人禍，亦即人為錯誤所引起的。

一九九四年八月，日本好不容易將通訊衛星送往太空，卻無法完全固定於軌道上，浪費了大筆公帑。在進入倒數階段之前，原本還有充分檢查的機會，可惜未能好好把握而在最後關頭因主機未能點火被迫放棄。雖然八月分又再次進行挑戰，卻無功而回。

我認為，勉強搶灘根本無濟於事。因為，首都東京與發射基地種子島之間，屬於「鬼門——裡鬼門」的關係。八月是月的五黃殺、暗劍殺等凶方位發揮作用的時期，這時不應勉強行事，而應先經過仔細調查，等這個月過去以後再進行，以免後悔莫及。如果主事者懂得應用風水的方位學，也就不致徒勞無功了。

根據方位能量的種類，不難找出「為什麼」的答案來。

一九八九年二月在橫濱船塢，一艘印度籍油輪突然起火，造成十幾個人死亡。

從日本來看，印度在西南方位，原本就是暗劍殺的不良方位，再加上由印度出港航向日本的方位為東北的五黃殺，更是大大不吉。

關於起火原因，包括人禍在內有各種不同的說法，但是從方位學來看，東北原本就是容易發生意外事故的方位。換句話說，這起意外事故本來就會發生。因為，把船開到凶方位來修理是大不智的做法。

一九八九年四月，在挪威海灘也發生了俄羅斯核子潛艇沈沒的事件。從日本來看，事件發生地點是在西北的歲破凶方位。定位六白、年盤三碧、月盤為一白迴座，故有月破凶方位重疊（四月為辰月，戌亥方位為月破），是6、3、1的凶惡方位。六白表示軍備，三碧表示雷鳴、爆發，一白表示水中，就方位意義來看，正好符合意外事故的內容。

在一件意外事故中，為什麼同樣到凶方位去的人，有的毫髮無傷，有的卻喪失了性命呢？

在說明之前，請先想想銀行裡的定期存款。自身的運氣會不時增減，相當於一般存款。至於定期存款，則是祖先的運或德。祖先運有某種程度的限制，不能輕易取出。然而當一般存款的存款不足時，可以以定期存款為擔保借錢。當然，借款多寡也因定期存款的額度不同而有所限制。

這也就是同樣到凶方位去，為什麼有的人平安無事，有的人卻命喪黃泉的原因所在。

平常尊敬祖先，努力找尋好運氣的人，即使不使用祖先所留下的好運氣，也能好好生活。換言之，其定期存款只會增加而不會減少。

到凶方位去遭遇意外事故時，如果光靠自己的運氣無法蓋過凶意，則必須借用祖先的運氣來彌補不足的部分。但如果平常懶得吸收大自然吉方位的能量，或者祖先的運氣太少，當遇到萬一時，由於定期存款的餘額不高，很容易就會輸給凶意而喪失性命。

對地震等災害而言，也是同樣的道理。不論是為了實現夢想、希望或預防萬一，隨時擁有吉方位的運氣，是小林流方位學的基本主張。

上海火車事故的教訓

一九八八年三月，赴上海進行修學旅行的日本高知縣高知學藝高中的學生，不幸遭遇火車意外事故，造成多人死亡。

這年三月，西方位為五黃殺凶方位。而從高知來看，上海位於正西方位。重大事故經常都發生於凶方位。而八八年的凶方位，是東、西與西北。另外，在倫敦也發生數起飛機意外，在德國則發生類似上海的火車意外事故。

某些不良的方位，或許與日本無關，但一定會發生重大事故。

發生意外的孩子本身並沒有罪。為免無辜的孩子遭遇意外，在擬定修學旅行及外宿地點時，老師、家長及旅行社應該考慮到方位問題，避開五黃殺、暗劍殺等凶方位。

萬一無法避免，各人務必遵守以下事項：

- 出發前要進行去除方位作祟的祈福消災法事。
- 能量減退會使人變得焦躁，在旅行地應避免與人發生爭執。

・注意生水與飲食問題。

・在目的地看到寺廟時要加以參拜。如果沒有時間，則一路上要祈求神佛保佑你「平安無事」。

・不可熬夜或大量飲酒。

職業高爾夫球選手的海外征戰與吉凶作用

中島常幸在一九八九年二月九日於夏威夷舉行的高爾夫球公開賽中，接受電話訪問時表示：

「對我來說，夏威夷的方向可能不太對。」

結果，像中島這麼優秀的高爾夫球選手，居然未能進入夏威夷公開賽的前六名，甚至連一九八九年的預選也沒有通過。或許，夏威夷對他來說並不是吉方位吧！

中島生於一九五四年十月二十日，本命星為一白水星。而舉行比賽的夏威夷，從日本看是在東南。澳洲在日本南方，從澳洲看來夏威夷是在東北。現在，我們就根據一三七頁的圖來觀其吉凶。

一九八九年間，中島由澳洲赴夏威夷，不過這對他似乎不是好方位。

首先來看中島一九八九年一月、二月的移動方位。

一月赴澳洲比賽時，中島取得了好成績。因為一月是在節分前，所以是三碧辰年的三碧丑月。對一白的他而言，南有七赤金星迴座，為吉方位。七赤代表財運，因此他獲得獎金。之後他由澳洲轉戰夏威夷。從其住宅東京所在的方位來看，能夠接受到與來自澳洲（因為並未停留四天以上）同樣的方位能量。一九八九年二月，為二黑未年二黑寅月。

請看次頁下方左圖。從澳洲看夏威夷是在五黃殺凶方位，從日本看則是在本命殺方位。

換言之，對中島來說，不論是從那個地方看，夏威夷都是在凶方位上。即使他直接由日本赴夏威夷，成績也不會理想，不同的是經澳洲時，會接受更多凶方位力量。

一九九五年夏威夷為四綠、美國本土為三碧迴座，對中島而言是吉方位，因此如果赴美比賽，相信會有很傑出的表現。

運動選手遠征時，一定要觀察方位。有時即使在凶方位獲得好成績，之後卻可能因身體不適而被迫退休，或者必須靜養一段時間。

在這種情況下，最好的作法就是不要去。對職業高爾夫球選手而言，單憑選手運及方位的關係，就可以預見今後兩、三年的成績。

在美國相當活躍的岡本綾子，長期參加美國公開賽的青木功及尾崎將司等人，都必須考慮方位問題，遠征海外才能取得好成績。

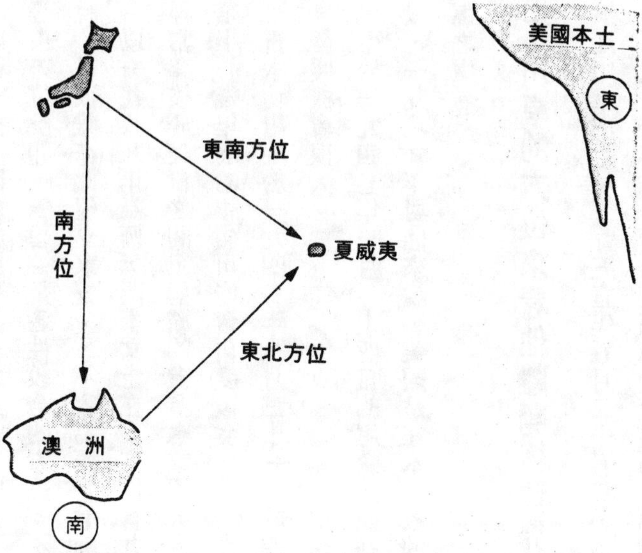

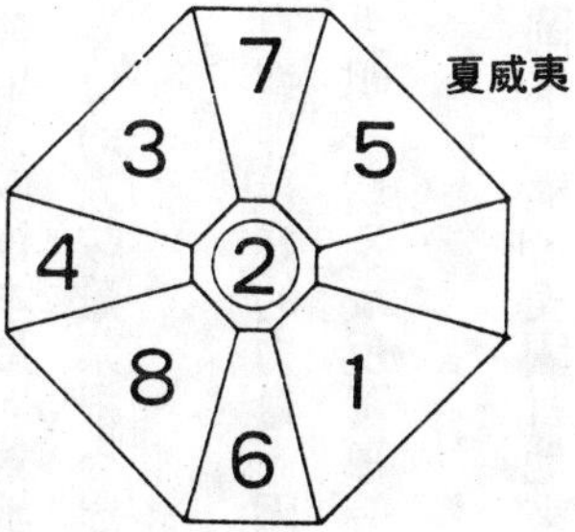

1989年2月盤

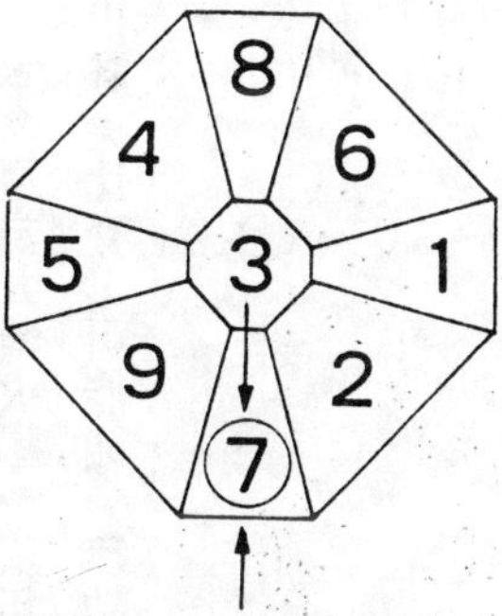

1989年1月澳洲的方位

附帶一提，岡本綾子生於一九五一年四月二日卯年，本命星爲四綠本星。對她而言，美國等東方位（卯、三碧）是適性較合的方位。不過，使用東方位的人較難紮根（以她的情形來說，是很難在此建立家庭），不容易兩者兼顧。

以一九八九年為例，岡本女士在東方位有九紫迴座，具有適性良好的力量，因此只要不是經常穿梭於美日之間，稱霸的機會應該很大。但九紫具有表明一切及反反覆覆等特性，故必須小心幾年前的腰痛可能會再度復發。

青木功出生於一九四二年八月三十一日的四綠午年，和岡本一樣，美國對他來說是吉方位，發展機會很大。

生於一九四七年一月二十四日的尾崎，是在節分前出生，本命星為九紫火星（戌年）。所以，一九八九年對他來說，美國是在本命殺凶方位上，如果赴美比賽，可能徒勞無功或有受傷之虞。

從江川卓的方位來看他離開棒球界的驚人舉動

江川卓出生於一九五五年五月二十五日，本命星為九紫（未年）。

一九八三年十一月，江川卓於橫濱市綠區購置新居，並從都心遷到此地，亦即西南方位。他的這一舉動，使得身為巨人球迷的我深感失望。

江川先生於1983年11月遷移。
1983年為八白土星年、11月為二黑土星月。從而畫出此盤。

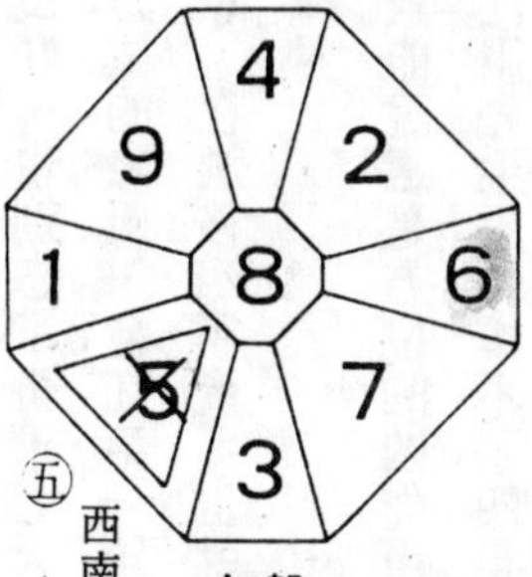

年盤

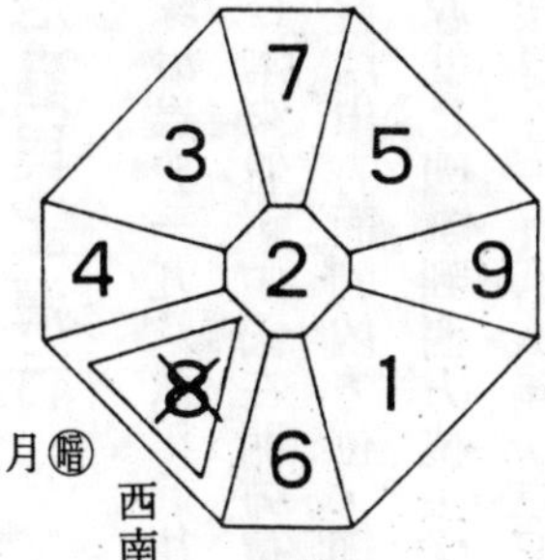

月盤

由此方位來看，他的身體將會不勝負荷。
此外，這也是與不動產和家庭有密切關係的方位。

一九八三年為八白土星年，十一月為二黑土星月。

由這年的年盤可以知道，遷移的西南方位為五黃殺，十一月的月盤（參照上圖）則顯示西南方位為月的暗劍殺，不論年、月都是凶方位。

是以儘管江川先生擁有強韌的肉體，自然能量卻不能為他的肉體帶來好的作用，終究還是無法保住肉體。

一般而言，西南凶方位大多缺乏忍耐力，容易受傷或因家人的事而煩惱。

西南同時也是與不動產和家庭有密切關係的方位，因此當他宣布要退出棒球界，從事不動產相關事業時，我不禁大吃一驚。

雖然有句話說「轉禍為福」，但即便遷移到西南方位的江川先生是個超人，也必須付出很大的努力，才能長期保持當時狀態。而且，愈想成就事業就愈容易產生凶意，因此就算目前健康良好，也別忘了祈求老天保佑自己千萬不要罹患大病。

凶方位的障礙，會在第一年、第四年、第七年出現。

果然，在遷移四年後，也就是一九八七年十月，江川突然以「無法再努力」為由，宣布退出職棒界。

我只能說這是方位的凶作用所致。早在他遷往新居之初，我就斷言：

「江川先生恐怕撐不了四年。」

而一九九一年秋天是第七年，我預測他在不動產、股票等投機事業上，會出現波折。

手塚治蟲與上海行

手塚治蟲於一九八八年前往上海，結果卻生病了。

從日本來看，中國在西方位。一九八八年西方位為五黃殺方位。以往拖拖拉拉不明顯的事務，會浮出表面的凶方位，即為五黃殺。

手塚就是因為到西方位去才罹患疾病，復因疾病而不治死亡。

同樣是在一九八八年，三月間也有一批日本高知學藝高中的學生，在修學旅行途中於中國的上海遭遇火車意外事故。

這一年的五黃殺和月破等凶意現象，是造成火車意外的主因。是以像修學旅行等，應該事先擬好計劃，避開暗劍殺、五黃殺等凶方位。

此外，在一九八九年三月，中國也發生巴士事故，造成女大學生死亡。這是由於月破凶作用所造成的。儘管西方是享受旅行的最適合方位，但一旦產生凶作用，結果往往非常可怕。

鄉廣見夫婦的蜜月旅行

鄉廣見夫婦於一九八七年六月（四綠卯年四綠午月）結婚，隨後前往以年盤、月盤推算有南九紫定盤八白土氣（9、8、8）迴座的澳洲度蜜月。鄉廣見和妻子友理惠都是九紫本命，到九紫的南方位去能使自己的氣大增，原本並沒有什麼不好。

但是，南方位具有「離」的作用，兩個人都沒有注意到這一點。平時或許還好，一旦發生爭執，可能就會走向離婚一途。因此，我為他們捏了一把冷汗。如果他們事先和我商量的話，我不會建議他們到澳洲去度蜜月。

那是因為，南方位具有強烈的離的作用，並不適合度蜜月。

基本上，鄉廣見似乎考慮到方位的問題。因為，從兩人結婚、度蜜月到生產，都反映出方位的考量。

松田聖子與美國

一九八九年初，松田聖子與近藤真彥在美國爆發緋聞，一時之間成為衆人矚目的焦點。

美國在東，是秘密被揭發的方位，因而成為「衆人注目的焦點」。一九八九年一月的美國，是在凶方位。而在前年，她也曾發生交通意外。

聖子本身自由奔放，但卻擔心有一天會受到方位作祟。結果正如各位所見，愈是往不好的方向發展，愈會產生種種不好的現象。其理由是，聖子與神田正輝是在一九八五年六月結的婚。這年為六白丑年，凶方位西北為暗劍殺、東南為五黃殺，而度蜜月所在的夏威夷，正好是東南的凶方位。

東南是結婚星，原本應該具有良好風評的能量，但因為是凶方位迴座之年，所以產生相反作用，經常出現離婚的傳聞，而且機率非常高。

百惠的搬家……

三浦百惠遷往位於東京國立的豪邸時，一度成為話題。從原本在目黑的三浦家看國立的方位，就可知道後來的發展了。

百惠出生於一九五九年一月十七日，本命星為六白金星，友和出生於一九五二年一月二十八日，本命星為三碧木星。這對佳偶於一九八七年五月十八日遷往國立（原本以為是在西方位，及至為了寫本書而進行方位調查時，才發現是在西北方位）。一九八七年為四綠卯年、五月為五黃巳月，西北方位為定位六白、年盤五黃、月盤六白的年五黃殺與月破的大凶方位。這個結果使得身為百惠迷的我，非常擔心以下的事情。

首先是，這個方位的力量非常強，所以凶意作用也很強。而西北方位是主人的位置，這表示友和可能會突然發生意外或事業失敗。而且大多會以一、四、七年的周期出現，因此從一九九〇年到一九九五年之間必須特別注意。我給他們兩位的建議是，儘量到吉方位去旅行，吸收好的方位能量。

至於西北方位，以一九八五年來說是暗劍殺凶方位，八六年是百惠的本命殺、八七年如先前所述是五黃殺凶方位，八八年為歲破凶方位、八九年為歲破凶方位，是不可遷移的方位。讀者當中如有情形與百惠相同者，今後務必特別注意方位問題，否則幸運、運氣將會逐漸降低。

另外，三浦的姐姐開在清里的寄宿民家，於一九八六年九月十三日臨時開幕，直到一九八七年春才又正式開幕。其方位吉凶如何呢？從東京來看，清里在西北方位。一九八七年為四綠卯年，西北為五黃殺凶方位，五黃殺會產生凶作用。一九八六年九月的月盤為五黃殺，由年盤來看凶意能夠減輕，是以臨時開幕有助於降低方位的凶作用。

石原裕次郎出生於1934年，本命星為三碧木星，死於1987年。1987年為四綠木星卯年。

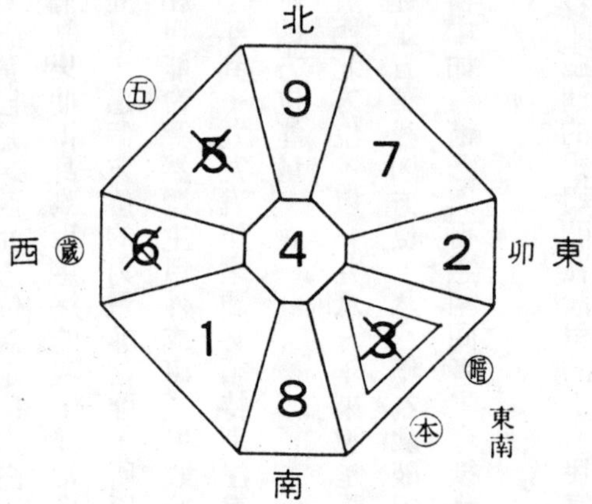

石原裕次郎與夏威夷

石原裕次朗辭世的一九八七年，為四綠卯年，其年盤如上圖所示。

這一年的西北方位為五黃殺，夏威夷所在的東南方位為暗劍殺。因為是卯年，故西方為歲破。

裕次郎出生於一九三四年，本命星為三碧，東南是他的本命殺。

為了養病，裕次郎來到本命殺與暗劍殺同時出現的凶方位所在的夏威夷。結果，因方位作用受到損傷而漸失體力的裕次郎，反而縮短了壽命。

對裕次郎而言，具有好能量的方位，是香港、印度洋島嶼所在的西南方位。假若他是到這些地方療養，或許能活得更久些也說不定。

千昌夫的不動產買賣是吉或凶？

千昌夫在香港從事不動產買賣賺進大筆鈔票，是衆所周知的事實。不知是有意或純屬巧合，他似乎很懂得利用方位。

一九八九年春，他賣掉在香港的飯店。而從日本來看，香港的方位非常差（暗劍殺），容易捲入不動產的痲煩中。如果能解決這個問題，將可在不動產方面獲利甚多，但是在凶方位賺到錢之後——一般來說是七年——自己的身體可能會受傷或生病。

千昌夫在一九八九年賣掉了方位不佳的不動產，獲得了極大的利益，不過這筆錢似乎進了已經仳離的外國妻子的口袋。因為，西南是定位二黑的方位，是其妻的方位。

千先生與妻子離婚時，是以賣飯店所得的錢來支付大筆贍養費，由於這是二黑西南方位能量（妻子與不動產），因此本身的凶作用暗劍殺得以緩和。換言之，他並非一人獨享利益，故而不會罹患疾病，且凡事都能有好的結局。

雖然受泡沫經濟的影響而背負大筆債務，但千先生的運勢畢竟很強，今後只要充分活用風水的吉方位，儘量在吉方位上買賣不動產，一定能減少隨著年齡增長而出現的身體損傷。

第四章

成功的方位、失敗的方位

我在前章列舉了許多事例，幫助各位讀者瞭解方位能量作用於人類的吉凶現象。現在，想必各位都已經瞭解什麼是小林流方位學了。

本章是鳶成為鷹的實踐，希望各位都能藉由本書吸收吉方位能量，掌握新世紀新年代的運氣。

實現夢想的吉方位能量提升法

到吉方位去，充分吸收得到幸運的能量。

一般人會利用稍有不同的行為或享受方式，來提升吉方位的運氣。

那麼，到了吉方位應該做些什麼呢？

基本上，要讓身體和靈吸收自然與大地的能量。

所以，要展現以下的行動。

①吃當地的產物，菜單也要採用開運食。

②有井水則喝井水（帶回來亦可）。

③儘可能光著腳踐踏土地。

④泡溫泉。

⑤沐浴在清晨的陽光中。

⑥參拜神社、佛寺。
⑦儘可能到較遠的地方去，且次數要多。
⑧展現配合方位能量的行動。
以下就針對各項加以解說：

●吃當地的產物，菜單也要採用開運食！

蔬菜和水果等，是當地陽光、水和大地能量的精華。吃經過一段時間成長的生鮮食品，可使吉方位力量倍增。

當然，魚、貝、肉、米等食品，以在吉方位採收的最好。為免失禮，在當地吃新鮮蔬菜時，要事先確認當地採收的是何種食品（附近應用吉方位的人也逐漸增加，當中可能有人採取同樣的行動。只要提出詢問，相信對方一定會很樂意回答。此外，剛開始實行的人，外表看起來有很大的不同）。

近來由於流通管道暢通，甚至連在原產地也看不到當地所產的食物。如果真是當地所產的食物，不妨多吃一些，或是帶回家去也無妨。

與吉方位產物相比，他縣產（屬於不同的方位）的東西運氣較弱。食物非常直接。當你吃了對你而言是吉方位的產物時，就會覺得元氣湧現。

吃採自當地，含有豐富吉方位能量的新鮮蔬菜、魚貝類，也是享受吉方位旅行的樂趣之一。

和家人一起去挖芋頭、採摘蘋果、梨子、草莓等，既能吸收吉方位能量，也能享受到採摘之樂。此外，戀人同行也能開運。

在菜單方面，請吃能夠提升吉方位力量的食物。

●有井水則喝井水

住在水質良好地區的人，大多聰明、健康、長壽。由此可見，好水對健康而言是不可或缺的。

國內擁有豐富的水資源，而軟水對身體很好。

水，對吉方位能量而言也是不可缺少的。

像井水，古人就基於吸收吉方位運氣的目的，實行喝水的行為。

其方法是，在一定的年月日及時刻，或飲用吉方位的井水，或汲取帶回家置於陰涼處，在七~八天內喝完。

這是真正以開運為目的所進行的行為。

當然，飲用產自吉方位，當成飲料用的泉水或井水也可以。

在日本，到處都有美味的水。尤其是神社、佛寺，一定都有井水。只要問問當地居民，就能找到你所需要的「吉方位銘水」。

打從十年前開始，每次到北陸去時，都會飲用石川縣美川町（靠近小松機場）的『好水』，我將其命名為「吉方位銘水」（最近經由電視新聞的報導，這已經不再是我個人獨享的樂趣了）。

吉方位銘水喝起來甘甜美味，令人懷念不已。但有時過於有效，以致引起下痢。這是體內毒物的排泄，不必擔心。排泄過後會覺得全身舒暢，故請安心飲用。

●儘可能光著腳踐踏土地

吉方位大地（土地）的能量，能為我們帶來幸運。所謂的「取砂」，和取水一樣，是在吉年吉月吉時採取吉方位的土，灑在自宅四周或臥房床下。如果是住在公寓大廈，則種在花盆裡。

這時所帶回的土稱為「生土」，是從距離地表九〇公分，太陽照不到的地底深處挖來的。或許是為了得到更多好運吧？有的人往往一挖就是好多。殊不知帶回大量泥土，而且向下挖了九〇公分的深度，會對其它人造成麻煩。

因此，小林流吉方位能量提升法主張光腳走在沙灘上，或用小瓶裝些砂子帶回家去，或光著腳踐踏土地，透過腳底心讓身體直接吸收能量。

另外還有所謂的「運氣攜回法」——方法是購買用吉方位當地的土燒成的器皿（例如杯子等）加以使用，藉此吸收大地能量。

喜歡園藝的人，則可以購買當地的花草或盆栽回家栽種。

在當地打高爾夫球、打網球或散步等，也是能有效吸收大地能量的方法。

●泡溫泉

日本不但多火山和地震，同時也是世界少數的幾個溫泉國之一。

溫泉是藉著火山等地熱而噴出的溫熱地下水。

雨水、雪水滲入地中，吸收多種礦物質後，歷經數十年、數百年噴出地表而形成溫泉。

長時間待在地下吸收大地精華的吉方位溫泉，則是精華中的精華，一定要多加利用。

泡吉方位的溫泉，可以讓整個身體吸收大地能量。

不論是溫泉或礦泉，不論其成分和效能如何，最重要的是要泡在對你而言是吉方位處所湧出的溫泉。

近年來泡溫泉蔚為風潮，殊不知在無意中進入凶方位的溫泉時，反而會使身體貯存的幸運全部流失。

特別是住宿三～四夜時，吉凶效果會立即顯現。

因此，只要是凶方位的溫泉，即使你到了溫泉名勝區，也不要下水浸泡。

總之，一定要到對自己而言是吉方位的地方去泡溫泉。

從事海外旅行時，如果是到吉方位去，則距離愈遠力量愈強大。溫泉是小林流的特徵，因此出門前別忘了帶著泳衣，以便在發現溫泉時下去泡一泡。

在日本人心目中，溫泉為開運精華，藉由它能獲得來自大自然的幸運。

飲用溫泉時，如能遵從注意事項，就能產生與吉方位銘水相同的效果。

當年源賴朝為了振興源氏而有泡澡之舉，這才使得伊豆山溫泉聞名全國。

●沐浴在清晨的陽光中

在吉方位的成敗，取決於如何吸收自然能量。

尤其是太陽能量，是地上一切生命，包括動物、植物和人類在內所不可或缺的。因為，太陽是生命的泉源。

到了吉方位目的地，尤其是清晨時，要讓全身沐浴在陽光中。

由於晚上十一點過後就是子時，第二天的氣開始發揮作用，因此必須在十一點前上床休息。

朝陽所含的運氣，是「新鮮的幹勁與青春」等能量，因此要儘可能讓肌膚直接接觸陽光。碰到看不到陽光的陰天或雨天也不要喪氣。因為，太陽的能量能充分送達你的身上，所以你大可安心地待在戶外。

一般是晴天曬十分鐘、陰天曬十五分鐘。至於冬天，則視健康狀態來決定時間，即使只在戶外待數秒鐘也可以。萬一得了感冒……則不要勉強。此外，在露天澡堂泡澡也是一個方法。

經常聽人說，當他到吉方位去享受清晨的陽光時，竟然下意識地「對著朝陽合掌膜拜」起來。

●參拜神社、佛寺

古人認為，你能利用吉方位的方位能量開運，是神佛賜給你的幸福。

或許有人認為我的說法太過迷信，但事實上，即使到了近代，人類仍然透過信仰來傳承天的法則。

因此，平常沒有信仰的人，在到吉方位旅行時，別忘了到當地的神社、佛寺參拜一番。

雖然你不知道，但是吉方位目的地的神佛一樣會保護你。

包括井水、銘水在內，境內蘊含著很多「吉方位的氣」。

至於神社正面的牌坊，則一定要鑽過去。

搭乘觀光巴士時，駕駛員往往會繞道而行。遇到這種情形，不妨事先告訴司機你要在正面的牌坊下車（回程時則可繞道而行）。

先對牌坊施上一禮，然後到附近的洗手處清洗口和手。

接著站在神社的拜殿前，以「二禮二拍手一禮」的方式祈願。

這時，要在心中清楚說出住所和姓名。

除了祈願之外，還要對這趟吉方位之旅表示感謝。

實行小林流吉方位力量提升法時，最好將參拜神社也納入旅行路線中。

和吉方位銘水、吉方位溫泉同樣，到神社參拜可藉由其吉方位力量提升運氣，進而開運。護身符、紀念品或朱印，多少也有一些效果。

最謹慎的作法，是捐點錢或獻上酒，然後登殿接受祈禱。

●儘可能到較遠的地方去，且次數要多

計算吉方位的力量，可採用「距離×住宿日數」的公式。

以同樣的力量強度為例，如果到近處旅行，則日數要長、次數要多；如果距離較遠，則

可以減少日數。一般而言，搬家最能顯現強力吉凶。

當然，方位是從你現在的住所來看。

那麼，旅行日數要多長才會有效呢？答案是至少要住上四天。

當天來回或住宿一、二天也可以，只要多去幾次，並在旅行目的地進行開運，一樣能吸收到足夠的能量。此外還要注意以下事項：

①長時間停留在遠方。

②在停留處充分與大自然接近。

③輕鬆度過。

④晚上十一點以前一定要上床，不可熬夜。

⑤重視自然。

●展現配合方位能量的行動

嚴格說來，在旅行目的地從飲食、服裝到參觀地點，都有適合各方位的開運行動。

比方說，當你到提升財運的吉方位、六白方位旅行時，如果展現飯後吃水果（儘可能選擇當地產的水果）、穿著珍珠色衣服、購買當地土產饅頭、年輕人則騎著自行車到處逛逛……等行動，就能提升六白之氣而為身體所吸收。

最後是帶回來的土產。一旦到了吉方位，自然而然就會展現提升運氣的行動。從吉方位帶回的土產，在你不小心進入凶方位時，可以彌補不足部分，免於突然遭遇重大意外事故。而真正的土產，應說是在回家以後能夠為你帶來幸運。

因此，別忘了購買能夠提升吉方位幸運的土產。

如果可能，最好選擇能夠隨身佩戴或食用的土產。

這些都要在擬定充分吸收吉方位力量的計劃時，巧妙地加以應用。

關於吉方位運氣吸收法，事先擬定計劃，決不會嫌太早。

在擬定計劃之際，吉方位的氣就已經開始對你發揮作用了——這是很多人共同的經驗。

如何避免因凶方位而降低能量或遭遇意外事故？

有時明明知道是凶方位，卻不得不去。

像出差、遷移、公司旅行、對抗比賽、合宿等，必須到凶方位去的機會很多。知道吉方位的幸運能量及凶方位的可怕力量的人，在前往凶方位時，往往會承受很大的壓力。

不想去的地方卻不得不去，這時該怎麼辦呢？可以採用以下方法：

①請求神佛庇佑。
②事先考慮目的地的凶意現象（會發生何種現象）。
③先到吉方位去，然後再改變方位。
④計劃並實行吉方位旅行（在這一年當中）。

到目前為此，我自己及周圍的人，都會藉由上述方法減低凶意現象，並避免幸運力量降低。

關於①「請求神佛庇佑……」，前面曾一再提及，方位的考量，是依循神佛及天的法則，因此只要向創造方位法則的神佛祈求，就可避開方位之災。

正式的做法，是到寺廟參拜，祈求除去凶方位的壞運。如果能求得護身符，那就更好了。能每次在出差前按照上述作法行禮如儀自然很好，但有時也不必完全如此。

前往凶方位之前，可在自宅祭祀神佛，祈求去除凶方位作祟的災厄。

此外，也可以在佛壇前祈願。家中沒有神壇佛壇的人，如果鄰居家有供奉神明或道祖神，可到那兒去請求。

萬一忘了，可於抵達目的地後，前往當地的寺廟參拜。

因為時間不夠或其它因素而無法參拜的人，又該如何是好呢？

可在正月初時，向神佛請求「去除一年的方位障礙」。

有的人認為不必這麼做，但為了自身，祈願仍然有其價值。

至於②「事先考慮……」，是指應用到吉方位旅行時的力量提升法，事先做好準備（後述）。

③「先到吉方位……」，是指先到其它地方以避開凶方位，再轉往目的地，藉此改變方位的方法。

④「計劃並實行吉方位旅行……」，是指在這一年當中，從事朝吉方位移動的旅行，藉以消除不良影響。

人生原就好壞參半，能將大事化小、小事化無，才是最高明的作法。

一旦知道吉方位理論並加以利用，就能得到幸運。

一定要到凶方位去時，去除凶意的方法如下：

■必須到「東凶方位」去時

這個方法不只是遷移或移動，也可以應用於旅行或出差時。尤其是，公司內部的團體旅行，大多無法自己決定，因此要藉此巧妙地去除凶意。

東方位充滿了「發展」「快速」「音」的能量。

必須前往東的凶方位時，首先要注意不可拖延時間。

迅速的行動有助於減少凶意，因此要儘量搭乘速度較快的交通工具。

早點出門以便擁有充足的時間。時間有時可以用錢買到，所以要帶夠錢。

到東方位去時，會陸續出現許多新的事物或計劃。

由於出乎意料的事情不斷出現，因此首先要有充足的預算和時間，同時還要冷靜地作出判斷。

出差的人，往往從早忙到晚，甚至沒有時間好好休息。

投宿在東凶方位的飯店時，可能會有音的煩惱，例如隔壁房吵得你無法成眠，半夜發生意外事故或被打錯的電話吵醒等。

有時太過顯眼也會招致反感。總之，可能會遇到一些意想不到的問題，所以身心都必須保持充分的餘裕。

謹將重點整理如下：

①時間上要留有餘裕。

②帶備足夠資金以應付計劃變更等突發狀況。

③神經質的人要先想好睡眠對策。

④做好連絡工作，讓對方知道你的行程。

⑤吃壽司等含醋的食物，可減低凶意。

至於到目的地的寺廟參拜，則是所有凶方位共通的作法。

到東的凶方位去時，意外會突然出現。例如車子與人互撞、暗中與人交際的事被家人發現或被人倒債等等。

■必須到「東南凶方位」去時

從東南凶方位旅行回來後，可能聽到一些奇怪的傳聞或交際上產生困擾。還沒有男女朋友的人，甚至連未來也會受到影響。

在人類社會裡，一旦交際運低落，連帶地事業和生意也會開始走下坡。

希望避免東南凶方位導致幸運降低時，必須：

①隨身攜帶香味清爽的古龍水（四綠東南為香味的能量）。

②不可熬夜，以免錯過集合時間或火車。

③睡前要注意冷暖氣強度（容易感冒）。

④事先做好預防強風及豪雨對策（在旅行目的地可能會遭遇強風，因此要事先做好準備）。

⑤注意大蒜、韮菜等會留下臭味的食品（這個方位會因難聞而引發煩惱）。

⑥不要購買土產給親近的人，或嘮嘮叨叨地訴說旅行時的事情。

關於第⑥，各位或許會感到意外，不過這麼做純粹是為了避免引起他人的反感或嫉妒。因為，對方或許表面上表現得若無其事，私底下卻很羨慕你能出去旅行。

總而言之，東南凶方位會對人際關係造成很大的影響，必須注意。

■必須到「南凶方位」去時

一旦吸收到南凶方位的力量，可能會捲入稅務麻煩、公司或生意的經營問題，在金錢方面遭到麻煩。

此外，還可能因為替朋友作保而受牽連，必須先想好應對之策。

感情不好的夫妻，如果再到南方旅行，很快就會走上離婚一途。再者，生活也會流於奢華。避免的方法如下：

①在旅行目的地不可隨意外出或單獨行動。

②到海邊或山上去時，應避免過度曝曬。

旅遊回來後，可能會因日曬而引起肌膚方面的煩惱，如「皮膚變黑」等。

③要事先擬定旅行計劃。

計劃中會有很多浪費之舉，例如上次去過的地方這次又要再去。

④注意不可遺忘東西或遭竊（旅行時不要攜帶貴重珠寶）。

尤其是到海外旅行，更要小心保管護照。回國時到了機場才發現護照遺失或土產忘了帶，不得不折返飯店，結果給衆人帶來麻煩或延遲一天才搭上飛機的情形，均可能出現。

在旅行目的地時，要穿著顯眼的服裝，方便他人確認自己所在的場所或放行李的位置。攜帶綠色手帕或時髦的小飾物，有助於減少凶意。由於南方的凶意會立即顯現，因此有的人會突然發怒，或因爭執而與同行者分手，必須特別注意。

■必須到「西南凶方位」去時

吸收西南的凶方位力量時，回家後家中的紛爭會表面化，出現身體倦怠、腸胃不適等症狀，原本順利的工作也發生差錯而必須重來。

到西南凶方位旅行時：

「不管花再多錢，也很難享受到快樂、發現好東西。」

只要這麼想就沒錯了。

因為，各種意想不到的煩惱都會出現。例如，原本以為旅行費用便宜，沒想到價格卻非常昂貴，為了省錢只好住在破舊的小旅社，或者夫妻同行時，因費用或零用錢問題而發生爭執等。

此外，購買當地土產時，很容易買到贗品。

為了有一趟愉快的旅行，

①事先確認費用、服務及設備等問題。

②避免購買昂貴的土產（贗品對策）。

③攜帶胃腸藥（不可飲用生水）。

除了事先做好萬全的準備外，還要避免吃生的東西。

喝點酒早點就寢，是最好的方法。

另外，還要小心保管財物。

■必須到「西凶方位」去時

一旦吸收到西的凶方位力量，即使是習慣旅行或能充分享受旅遊之樂的人，也會覺得這是一趟無聊的旅行。

可能得付出額外的費用。但如果想要減輕西的凶意，擺脫煩惱，就不能吝嗇。

要消除凶意的話：

①多花點錢以減少凶意（指從事較奢侈的旅行，利用金錢去除災厄的方法）。

②捨普通車而就高級車（理由與①相同）。

③在目的地享受豪華美食。

例如，平常以一碗麵打發午餐的人，這時可到餐廳去吃牛排，要多花點吃美味的食物。

④穿著高級服飾。

⑤與異性旅行時發生的問題，可能會拖得太久，必須注意（不可被甜言蜜語所惑）。

⑥儘量避免因酒而發生的問題。

如此即可有效地避開凶意。

在西凶方位認識的二人，會逐漸發展成令周圍的人感到擔心，宛如陷入泥沼般的複雜關係。

酒後釀成的過錯，可能成為引發家庭或公司煩惱的原因。

■必須到「西北凶方位」去時

吸收西北的凶方位力量以後，會使你與重要的支持者發生問題，與父母之間也會產生齟齬。另外，重要的生意也泡湯。

①依賴神佛是最好的方法。

西北是表現「神」「佛」緣的能量的方位。其吉凶會對人生造成極大影響，因此抵達目的地以後，一定要去參拜神佛。

從東京來看，長野縣在西北。是以每次前往長野，我都會去諏訪大社參拜，這樣即使西北是凶方位，也能減少凶意。

②參拜墓園。

當然是指參拜自己的祖先。此外，到目的地有名的寺廟參拜也可以。

③不可誇口或進行大計劃。

④不可因宗教、祖先或家世而自傲。

更重要的是，旅行時切勿攜帶大筆金錢。

在飲食方面，平常吃麵包的人請改吃米。因為，米可減少西北的凶意。

■必須到「北凶方位」去時

到北凶方位旅行時，可能會遭親人背叛或私房錢曝光等，想要隱瞞的事情都浮現表面。對人際關係缺乏自信的人，在目的地最好不要展現過於氣派的行動。另外，可能會有意料之外的花費，或是因喝酒而引起麻煩。

平常不喝酒的人，一旦喝得太多就會醜態畢露，展現出令親友失望的一面，甚至連不想為人知的一面也展露出來。

另外，回來後可能傳出與異性有關的流言，或為下半身疾病所苦，故行動要特別謹慎。

①注意飲酒。
②可能會有意料之外的花費，故要多帶點錢去。
③不可炫耀似地逢人就說旅行時所發生的事情。
④充分注意與異性的交往。
北邊的能量代表男女間的「糾葛」，而北邊的凶意是指原本想要隱瞞的事會浮現表面，因此男女雙方對這一點要多加注意。

■必須到「東北凶方位」去時

吸收到東北的凶方位力量時，可能會受傷、爭吵或浪費金錢。
最好事先有個心理準備，帶去的錢若不全部花光，恐怕就回不來了。可能會拼命喝酒，在旅行目的地與人發生爭執或從樓梯上跌下來，捲入各種意想不到的麻煩中。
避開凶意的方法如下：
①事先購買昂貴的土產。
②一開始就覺悟到要花費大筆金錢，於是盡情奢侈，如享用上等美食，住最豪華的飯店等。
③選搭最高級的交通工具。

④穿著高級服飾，打扮成有錢人的樣子。

⑤隨身攜帶常備藥。

只要注意以上各點，即可避免捲入東北的麻煩中。同時，一定要帶條白色手帕。另一方面，吃牛排也可減輕凶意。

以上是到各凶方位去時的注意事項。其實，只要在好的時期到各方位從事吉方位旅行，藉此提升力量，那麼即使到凶方位去，也未必就會產生凶意。

在被吉方位力量包圍的情況下，通常即可避免到凶方位去。

溫泉的力量極強，到凶方位旅行時，不妨多泡幾次。飲用井水會增加凶方位力量，引起下痢。同樣是下痢，如果喝的是吉方位銘水，則結果完全不同。

好不容易出去玩一趟，不泡溫泉豈不是白來了嗎？問題是，在凶方位泡溫泉可能會使以往的幸運全部流失。為了開運及增進幸運，到凶方位旅行時最好不要泡溫泉。

九〇年代的風水吉方位能量利用、吸收法

你知道什麼時候到什麼地方去是吉方位嗎？吉方位的力量非常偉大，因此即使只是到那兒去旅行，也能開運——為了掌握在旅行地的行動，最好先將夢想和目的寫下來。

每個人都有很多夢想和希望。不但時時在變，而且常常這個也想、那個也要。小林流的大吉方位理論簡單明瞭，任何人都能加以應用。

比方說，如果希望能自由運用金錢，則『金運提升的吉方位理論』『健康運提升的吉方位理論』『戀愛運提升的吉方位理論』『人際關係提升的吉方位理論』等等，都可以為你作最佳說明。

希望出人頭地的開運技巧：

「希望花錢像花水一樣，擁有與生俱來的幸運！」

這是很多人共同的願望。但是，真的靠這些就決定一切了嗎？

光是這樣似乎太不公平了。這時，也許你會發牢騷：「那麼，我什麼希望都不要了。」

在瞭解我的吉方位運氣吸收理論之前，請先不要灰心。

只要到吉方位去旅行，任何人都能擁有好運氣，不必花大筆金錢就能獲得幸福。

進入九〇年代，這個大吉方位能量理論，可以廣泛地應用在旅行上。關於吉方位開運法，只要知道目的並加以實行，就能吸收運氣。

例如：

「以我的素質來說，心靈的幸福較好。」

當你這麼想時，就到心靈部分具有充實感的方位去吧！

要計劃及實行到對你而言是吉方位的北方位或一白方位的吉方位旅行，同時在目的地進行能夠提升運氣的行動。

如果想要儘早治癒疾病，就必須吸收良好方位的能量。另外，住院時選擇在吉方位的醫院，有助於早日痊癒。

一般而言，需要靜養的人只要到吉方位去，就能充分吸收自然之氣。

在人際關係、交際運方面，懂得人際關係與不懂的人，在享受人生上會有很大的差距。目前正為交際應酬感到煩惱或希望提升人際關係的人，請到能提升人際關係的吉方位去旅行。

■提升金錢運、財運——六白與西北、七赤與西、八白與東北

戰後日本的經濟發展，不單是各企業努力的結果，也是因為它比其它國家更幸運的緣故。現代日本人熱中於理財，每個人都希望掌握幸運，將來的運氣比現在更好。

一般來說，金錢運、財運的吉方位，是在從你的住所來看的東北方位，能使已經消耗掉或低沈的運氣提升。

此外，吸收八白、七赤、六白的方位能量，或是如先前所述，當東北、西、西北有與你適性相合的氣迴座時，到這個方位進行吉方位旅行，就能改變運氣。

果。

要提昇各方位的金錢運、財運時，最簡單的方法就是旅行。此外，搬家也具有相同的效果。

●六白方位的吉方位利用法

為了吸收運氣，可前往西北吉方位或有六白迴座的方位旅行。在旅行地，可前去參拜或參觀當地的神社、佛寺或教會，同時拍些紀念照。當然，參觀城市也可以。

如果祖先的墳墓就在這個方位上，別忘了前去參拜一番。平常沒有信仰的人，為了獲得六白氣（做大事業時能得到幸運），更要對上天或自然抱持感謝之心。

光是參觀難免會覺得索然無味。是以年輕人可在草地上運動、年長的人可到戶外散步，藉此吸收外氣。

也可以到賽馬場走一遭，藉著那場比賽的勝負，吸收未來在大勝負中獲勝的運氣。因為目標是在將來，所以就算賭輸了，也不能生氣。

年輕人可租輛自行車運動、運動，但只能在白天進行。

在服飾方面，要選擇高級品。例如，珍珠等與六白方位最為適合。

飲食方面，要吃當地生產的米、蔬菜、水果，藉此吸收大地的吉方位能量。至於水果，一定要當成飯後甜點來吃。

吉方位旅行通常都會有溫泉。要找個開運的吉方位溫泉泡澡，讓肌膚直接吸收金運提升的運氣。另外，陽光及風也能為你帶來幸運。

在旅行地要儘量外出。如果是四人以上的團體旅行，更能提升運氣。

土產饅頭在全國各地都可買到，包巾也很好。必須注意的是，吉方位旅行所買的土產，基本上是回家後自己使用的。

另一個力量提升法是，在旅行地購買價格比較貴的貴重金屬，回家以後佩戴在身上。有關六白方位旅行的效果，逐漸開花結果為其特徵。

但因六白之氣就是神佛和自然的能量，所以不要忘了心存感謝。

●七赤方位的吉方位利用法

下面來談談到西方及七赤迴座等吉方位去旅行的情形。

到了旅行地，可在飯店或旅館裡慢慢地用餐、喝茶。

喜歡喝酒或咖啡的人，不妨找家比較好的店。

在旅行途中到銀行、利用提款卡提領現金以供花用，也是有效的吉方位行動。

光明正大地到寺廟撞鐘，並且說明理由，也有助於開運。

早餐中要加入雞蛋料理，飲食則應儘量選擇昂貴的食物。例如，可以花一五〇〇～一八〇〇日圓來吃頓早餐。

喝酒也很好。法國大餐配上葡萄酒，無疑是最佳的享受。

比起啤酒或葡萄酒，吉方位銘水更能提升運氣。

開運的吉方位溫泉、在旅行地能提升運氣的美味料理的吉方位味覺，是這個吉方位的特徵。因此，請盡情享受美食及快樂的旅行吧！（藉美食之旅開運的吉方位味覺旅行，對這個方位而言是最好的）

服裝方面，帶一件象牙色的衣服，年輕人則帶件粉紅色衣服前往。

可以選擇酒作為土產，但以當地的銘酒或地酒較佳。

當然，到達旅行地別忘了參拜寺廟。如果有鈴，也可以買回來吊在錢包上。

七赤吉方位旅行所代表的金運，通常會立即展現效果。

有個快樂之旅固然很好，但卻可能養成愛玩的習慣，與異性的關係也會流於輕浮，必須注意。

●八白方位的吉方位利用法

分為到東北吉方位及到八白迴座的方位去旅行等兩種情形。

住飯店時，最好選擇能看到美景的房間。另外，日式旅館也有助於提升八白方位的能量。

年長者可住在日式旅館。這時，住二樓比一樓好。

當然，對這個方位而言，參拜神社、佛寺也很重要。

飲食方面，在餐廳吃牛排、在旅館吃B・B・Q或涮涮鍋都很好。此外，一定要吃蔬菜及作為甜點的水果。

蔬菜、水果要儘量選擇當地出產的。必要時，可以預訂。

白天可在安靜的茶室喝茶，午餐則吃便當。

除了要喝吉方位銘水、泡吉方位溫泉以外，清晨的陽光尤其有效，因此要早起散步。年輕人若是體力許可，還可以爬爬旅館附近的神社、寺廟的石階。

到高原旅行，寄宿民家或住在山莊也很好。

為了增加吉方位力量，最好選擇白底服裝。

八白吉方位旅行的金運，是不斷地努力存錢，不知不覺中就擁有了一大筆錢。

到八白吉方位旅行的另一個效果，是將來孩子會照顧你，而你的孩提時代也非常幸福。

為了提升金運、財運，必須很有耐心地多旅行幾次。

回家後，機會會接踵而至，記住千萬不要讓機會溜走。

■提升健康運——二黑與西南

身體孱弱或臥病在床時，縱有好運也無法成功。

人以健康為第一。對身體缺乏自信的人，可到二黑或西南方位進行吉方位旅行。

健康，特別需要大地泥土的能量。

或許是流行吧？現代人很喜歡服用鎮靜劑。睡不著，因壓力而致胃腸不適的人，這種傾向尤其明顯。

心臟、血壓等疾病，實際上是由於大地能量不足所致。

想要獲得健康，就要吸收吉方位大地泥土的能量。

在旅行地泡吉方位溫泉，到海邊散步或打打高爾夫球，都能吸收到能量。

最好的方法，就是在草地上躺成大字形。當然，也別忘了參拜神社、佛寺。

二黑方位以「素質」為主，雖然費用便宜，但旅行本身就能提升運氣，故不必特別花高價去住豪華旅館。

飲食要力求簡單，最好以當地生產的蔬菜為主。如果新鮮的話，魚料理也可作為開運食。如有芋頭料理，則千萬不要錯過。

喝吉方位銘水，泡吉方位溫泉也很重要，特別是要光著腳接觸大地。

身體直接接觸大地、悠閒地在寧靜的草原、旅行地的田園散步或靜養都很好。

幾年前，當二黑迴座東方位時，有人特意選在該方位浸泡溫泉，結果恢復了健康。

可以逛逛旅行地的古董店，或許能發現一些好東西，買到自己喜歡的便宜貨也說不定。

服裝以墨綠色、黃色為佳。

飲料主要為蔬菜汁。至於酒，則以日本酒為提升力量的泉源。

土產是與泥土有關的東西，如神社所賣的土鈴、用土燒成的器皿等。喜種植花草的人，到這個吉方位去旅行時，可以買些盆栽回來種。

二黑吉方位不僅能提升健康運，也能湧現就業慾望。

對工作缺乏幹勁的人，只要到吉方位去旅行，就能熱中於工作。

人一旦有了元氣，對工作自然也會充滿幹勁。年紀輕輕卻對工作缺乏熱情的人，多半欠缺體力或胃腸較弱。

為了提升健康運，一定要不斷努力。

希望擁有子嗣的話，可以夫妻一起到吉方位去浸泡溫泉。只要對其中一人而言是吉方位即可，但如果對雙方而言都是吉方位，那就更好了。

■提升事業運、工作運——三碧與東、六白與西北、七赤與西

有些人不管再怎麼努力，工作總是進展不順，或是沒有機會出人頭地，或因經常出錯而致無法提升成績。

想要公司順利發展或出人頭地的話，就必須獲得主出人頭地與事業發展的三碧方位、六白方位、七赤方位能量的支持。

當各種能量，例如交際運無法提升時，就無法廣結善緣，無法得到金錢。這時要做的，便是到上述各方位去旅行。

各種方位能量都有其必要性，但這裡主要是使用三碧、六白、七赤等吉方位。

另外，到東、西北、西等有與自己適性相合的星迴座的吉方位旅行，有助於提升事業運、工作運。

●三碧方位的吉方位利用法

共有到東吉方位及到三碧迴座的方位去旅行等兩種方法。

進行開運旅行時，應儘量選擇設計新穎的飯店或旅館，並且每天早起享受陽光。

事業需要「快速」「新穎」等運氣，因此要喝吉方位銘水及泡吉方位溫泉。

如果有你喜歡的歌手、樂手正在當地表演，不要猶豫，趕快買張票去欣賞一下吧！回來

時買捲錄音帶或唱片作為土產也不錯。當然，也可以去看電影。為免向隅，最好在旅行前先查明音樂會的時間表。

飲食方面，如果是吃日本料理，一定要吃壽司和醋漬菜、水果。此外，海鮮、海草對身體和運氣都很好。酒則要喝威士忌。

飲料以橘子汁、檸檬汁等新鮮果汁為佳。

服裝要選擇藍色系列，T恤、襪子、手帕均可。

秋天可聽到蟲聲唧唧，最適合開運旅行。至於土產，可選擇錄音帶、唱片或夾克。會樂器的話，不妨隨身帶著，在旅行途中開懷歡唱。

年長者神采奕奕地爬神社階梯、聽神社鈴聲或流水聲，然後登殿聆聽祝詞之聲，可獲得事業發展的能量，因此要將參拜納入旅行計劃中。

據說，三碧方位的能量在年輕時吸收較好。

希望將來擁有「獨立事業」的人，務必把握時機到這個方位去旅行。

●六白方位的吉方位利用法

到西北及到六白迴座的吉方位去旅行，能夠提升事業運、獲得發展事業所需要的支持者的大力支持。

計劃大事業、與大公司交易、增聘工作人員或擴張公司時，這個吉方位的能量特別重要。

男人要想有份好工作、發揮主人的力量，就必須利用六白能量。而更重要的，是在最佳時期迅速吸收。

旅行地的神社力量，就是六白能量。參拜時要穿著珍珠色系的襯衫或毛衣。泡吉方位溫泉、喝吉方位銘水或打打高爾夫球，也是很好的方法。

土產方面，可購買價格比較昂貴的手錶或戒指隨身佩戴。

●七赤方位的吉方位利用法

到西邊或到七赤迴座等吉方位旅行，目的是為了提升生意運，適合零售業、服務業、現金交易行業及特種行業。

採用此一方法時，可使資金流通順暢，員工勤奮、生意蒸蒸日上。

在旅行計劃中，可納入參加座談會或聽演講等活動。如果兼具社員研修作用，那就更好了。當然，吉方位銘水和吉方位溫泉，也能提升生意運。

土產是當地所產的酒。

員工旅行固然所費不貲，但卻有助於提升整個公司的運氣。

舉辦宴會時，可藉歌舞來炒熱氣氛。

但需注意不可發生爭執。

總之，在旅行地的行動，能大大提升生意運及事業運。

■提升戀愛運、結婚運——四綠與東南、七赤與西

戀愛運、結婚運與人際關係、交際運有關，故要提升東南方或四綠的能量。尤其是戀愛運、結婚運，除了東南及四綠能量以外，還要巧妙吸收西或七赤的能量。這是年輕的力量，需要儘早加以吸收。

吉方位旅行最重要的一點，就是把握時機吸收自然之氣。

●四綠方位的吉方位利用法

到東南或四綠迴座等吉方位旅行，都很適合。趕快擬定一個活潑的旅行計劃吧！

住宿地點以明亮為主，夏天最好選擇在海岸附近，可以游泳。這個方位給人的印象，就是清爽的海或湖邊。

選擇日式飯店也可以，但是房間絕對不能潮濕，要有充足的陽光且通風艮好。切記，住宿費用高未必就是好房間。

應該早睡早起，到海邊去散步。散步或旅行時的服裝，以氣派為主。

白天散步時發現有好的餐廳或商店，不妨前去光顧。

飲食方面可選擇奶焗義大利通心粉或通心麵。那是因為，長的東西有助於提升緣分。吃烏龍麵或日本麵，對提升戀愛和交際運也具有效果。日本人自古以來就認為，蕎麵條能締結男女的緣分。其前提是，蕎麵條絕對不能存放超過一年。

透過吉方位銘水和吉方位溫泉，也能充分吸收大地的自然能量。

旅行地若有港口或碼頭，不妨前去看看。如果有坐船的機會，那就更好了。就算是小船，也具有充分的能量。此外，別忘了在車站拍照留念。

不妨喝點淡酒。啤酒也可以，但是最好喝葡萄酒。

在戀愛運方面，好的香氣非常有效。因此一定要購買香水、古龍水等土產。

可攜帶有花紋的裙子、罩衫或手帕前去，或是買這些東西當作土產。

截至目前為止，到四綠吉方位去旅行的人，大多遇到了理想對象。在旅行地相遇，回來後仍然經常保持聯絡，或者二人突然由友誼急速發展為愛情等，都是由於吉方位展現力量所致。

所以，千萬不可稍遇挫折就認為「不行了」，要有繼續挑戰的勇氣。

●七赤方位的吉方位利用法

到西吉方位或七赤迴座方位進行吉方位旅行，能夠提升運氣。不管誰去，這個方位都是快樂的旅行。七赤、西方位是少女的方位，是悅樂的方位，保持輕鬆心情固然很好，有時卻可能流於輕率。

旅行時再怎麼吵鬧都可以，就是不能熬夜。

由於心情輕鬆，有時難免玩得過火。

「吉方位運氣在旅行地已經全部用光了。」

為了避免發生這種情形，最好稍加節制，比平常乖一點。

對年輕人而言，唱卡拉ＯＫ、跳舞、喝咖啡、吃蛋糕等，都是提升運氣的方法。

啤酒配烤雞或換換口味吃年糕小豆湯、冷盤，一樣能提升力量。

當然，還要泡吉方位溫泉、喝吉方位銘水，並且到神社參拜。

出門前別忘了多帶點零用錢。土產可選擇風景明信卡或小飾物，帶回家去裝飾房間。

旅行時的衣服，回家後偶然也要穿穿。另外，絕對不能常和朋友發生口角。

■提升人際關係・交際運——一白與北、三碧與東、四綠與東南、七赤與西

對戀愛運、結婚運、交際運及良好的人際關係而言，東南、四綠星非常重要。此外，在

人際關係上，挑的吉方位旅行或吸收一日能量的旅行都非常有效。

在人前不擅表達的人，應該多吸收東、三碧及七赤吉方位的能量。

但即使利用吉方位，如果經常板著臉或發牢騷，一樣無法博得他人的好感。反之，有些人雖然沈默寡言、不擅說話，但為人正直，肯聽人傾訴，結果一樣能交到很多朋友。

能否博得朋友及周遭衆人的欣羨，對人生的喜悅會造成很大的影響及差距。

很多人從上述吉方位旅行回來後，果然能夠享受與人交往的快樂。所以，你還是趕緊出發吧！

要是怕麻煩的話，恐怕會失去很多與人交往的機會和良緣。

●四綠方位的吉方位利用法

分為到東南或四綠迴座等吉方位旅行兩種情形。

四綠吉方位能量，意味著「緣」及「信用」，具有清爽的運氣。而在與人交往時，原本就該以信用為第一。

服裝以輕便、色彩明亮者為佳。

男女都一樣，要為旅行另備新的古龍水或整髮劑。

手帕、襪子、襯衫等也必須是全新的，乃是秘訣所在。

住宿地點不必豪華，但最好選擇剛蓋好的飯店。

還要早睡早起，在清晨的陽光下散步。有吉方位銘水一定要喝，附近有溫泉的話，最好去泡一泡。當然，也可以換上泳衣，在露天澡堂一邊喝酒一邊泡澡。

飲食方面，每天必須吃一餐麵類。如果想要快樂地享用美食，與其在下榻旅館吃，還不如到附近的店裡去。飯前酒可提升運氣，但不能喝得過多。

土產是旅行地神社的良緣護身符，必須終身佩戴。

如果想和某人建立親密關係，可由旅行地寄出風景明信片。並在回家後立刻約對方出來，一旦見了面就能產生效果。

旅行時應捨棄自己開車而利用火車。在車站拍張照片留念，然後放在相簿裡。另外，在火車車廂內拍的紀念照，也能產生力量。

●一白方位的吉方位利用法

分為到北方位或一白迴座等吉方位旅行兩種情形。

心靈契合是人際關係的根本。能夠安心地與人交往，是每一個人的理想。

特別是，北或一白的能量，充滿了「親愛之情」，一定要充分吸收。

一白方位的吉方位旅行，利用溫泉或海水浴，讓身體浸泡在溫泉或水中，由肌膚直接吸收能量為秘訣所在。因此，在安排行程時，時間上要留有餘裕。

日本的特色之一，就是一年四季都有溫泉可泡。陽光、海水、潮風及吉方位銘水，不僅能使心靈穩定，還具有使每一個細胞更新的能量。儘可能找露天溫泉，酒只能喝日本酒。不能喝酒的人，則改喝牛奶。豆腐可提升能量，故冬天可喝豆腐湯、夏天則吃涼拌豆腐。

服裝以灰色或白色為佳。要多帶點零用錢，但不能全部花光。

溫泉區的飯店，多半只有大浴場才是溫泉，個別房間內則是自來熱水，最好事先打聽清楚。

刻意安排一趟溫泉之旅，結果洗的卻是自來水澡，那豈不是白費工夫了嗎？另外，散步到溫泉源頭去看湧出的蒸氣，也是一種開運法。

溫泉地區一定會有神社，別忘了前去參拜一番。

土產包括小木偶或神社的繪馬，可用來裝飾自己的房間。

將所拍的照片複製收藏，也能提升運氣。

這個方位的特徵，就是能增加私房錢或零用錢。

不過，增加的零用錢或私房錢必須妥善使用，藉此建立信賴度。

●三碧方位的吉方位利用法

分為到東方位或三碧迴座等吉方位旅行兩種情形。

重點在於音樂，別忘了帶隨身聽前去。

到神社參拜，有助於提升工作上的人際關係。

對不諳說話技巧、沈默寡言，無法擴展交際範圍的人來說，三碧是最適合的方位。

●七赤方位的吉方位利用法

分為到西方位及七赤迴座吉方位旅行兩種情形。

飲食方面，以快樂、豪華最為理想。另外，到寺廟參拜可提升運氣。

適合信賴度低、少笑容、牢騷滿腹、無法結交朋友的人（參照前項）。

■提升家庭運——一白與北、二黑與西南、六白與西北

巧妙吸收西北（六白）、西南（二黑）與北（一白）三個方位的能量，可提升家庭運。

這些方位會在未來逐漸發揮效果，因此要很有耐心地累積次數。

對旅行地的泥土要特別表示親切，光著腳走在土地上吸收大地能量，是很重要的一點。

事業成功、在外如魚得水，在家中卻無法建立良好關係的人，人生還是會出現破綻。因為，

家庭是一切事物的根本。

現代人面對居住環境、考試、工作、人際關係等各種壓力，早已不具有使家庭圓滿、和諧的能量了。事實上，很多時候家庭本身就是壓力的來源。這時，可以利用上述吉方位來次家族旅行。

但是，對全家人而言都是吉方位的情形極為少見。能夠找到對夫妻雙方都是吉方的方位也不錯，但即使如此，也很難辦到。

一般都是到一家支柱（丈夫）的吉方位去旅行。即使家中是妻子掌權，就運氣而言，還是以丈夫的吉方位為優先考慮。

不管到那個吉方位去，當天來回的遠足或郊遊，只要多進行幾次一樣能提升運氣。儘量親近大地為秘訣所在。旅行與其講究豪華，還不如全家人一起商議，來次溫馨的開車之旅或溫泉之旅。

從擬定吉方位旅行計劃的那一刻，原本無法溝通的親子之間，就因為運氣已經開始發揮作用，而彼此敞開心靈。此外，安排行程時不可太過緊湊。

●六白方位的吉方位利用法

分為到西北或六白迴座等吉方位旅行兩種情形。

可以訂定旅行計劃，全家人一起參觀博覽會、競技會或展覽會等。

將參拜旅行地著名的神社納入行程中，全家人正式登殿祈求一家平安，是最能提升運氣的方法。

和家人一起打高夫爾球、網球、騎自行車、採葡萄、梨子、挖芋頭等等，都是輕鬆地吸收大地能量的方法。如果有吉方位銘水或吉方位溫泉，就更好了。

無法全家到齊或只有妻子一人前去，同樣具有效果，只是必須多去幾次。

土產是蔬菜、水果等。六白方位能發揮丈夫身為一家之主的作用，使原本不和諧的家庭，重新恢復和樂的氣氛。

●二黑方位的吉方位利用法

包括到西南、二黑迴座吉方位旅行等兩種情形。

西南是表示「家庭」的方位。這個星的特性，就是提升家庭運。

二黑表示大地。成為母親的大地，需要「祐氣」。以家相而言，家中的西南方位必須隨時保持乾淨，家庭才能享有安泰。如此重要的能量一旦缺乏，妻子就會變得焦躁，連帶地家人也無法齊心合力。

使用二黑方位的方法，是儘量光著腳踩在泥土上；如果氣候許可，也可以把腳泡在湖水或海水中。春天可以摘野草、夏天則光著腳在海岸散步。對身體有自信的人，甚至可以換上泳衣下水游泳。

吉方位銘水是大地的恩惠，可多加利用。此外，還要多多攝取蔬菜。

如果旅行地有賣「銘茶」，不妨買一些當成土產。神社或名剎若有土鈴出售，也可以購買。

基本上，二黑是提升妻子運氣的最佳吉方位。

對沒有子嗣的夫妻，也具有良好效果。可能的話，應配合雙方體調，展開四天以上的「吉方位溫泉之旅」。

●一白方位的吉方位利用法

包括到北、一白迴座吉方位旅行等兩種情形。

一白吉方位對關係疏離的兩人、兩地相思的人、希望確認彼此關係的人或有婆媳煩惱的家庭最好。

可以悠閒地喝酒、聊天。

沒有子嗣的人，也可以藉著一白方位的吉方位溫泉而消除煩惱。

這個方位以「吉方位溫泉之旅」為代表。溫泉的力量，可以解決一切問題。

■提升不動產運——二黑與西南、八白與東北

即使土地價格上漲、建築費用攀升，還是有很多人希望擁有自己的家園。而且，我相信這種想法在任何時代都不會改變。

能早日擁有一棟自己的房子該有多好！或許很多人對自己仍是無殼蝸牛感到失望。但事實上，機會到處都有，千萬不要輕易捨棄自己的運氣。

沒有錢，當然買不到不動產，但是光有錢還不夠。如果無緣，就算買到了，也可能立刻轉手給他人。

得到不動產的準備工作，就是提升不動產運。

已經擁有不動產的人，為了日後子女能順利繼承，也要補給運氣。

提升不動產運和提升家庭運一樣，要巧妙地吸收二黑、八白方位的能量。另外，不動產運與家庭運具有連帶關係，一旦家庭運提升，不動產運自然也會提升。

●二黑方位的吉方位利用法

包括到西南、二黑迴座的吉方位旅行等兩種情形。

二黑土星的能量，就是大地的能量。除了去的次數要多以外，還要儘可能多接觸旅行地

的泥土。至於吉方位溫泉，應選擇露天溫泉。此外，也可以汲取吉方位銘水回來飲用。

親近大地的方法，包括打高爾夫球、打網球、騎自行車、郊遊、野餐等，可以自由訂定計劃。

所謂好的不動產，是指在吉方位上。如果是在暗劍殺、五黃殺、歲破、本命殺的不動產，哪怕價格再便宜，也會使幸運降低。換言之，買了便宜的不動產時，便宜的部分將會由你的運氣來補足。這個說法或許太過強烈，但用意主要是提醒各位注意。不要焦躁，有緣的話，自然就能買到。

在旅行地要吃馬鈴薯，同時別忘了到神社參拜。

包括購買不動產在內，租賃公寓、大廈時，只要往吉方位去找，一定會有所收穫。而在搬家之前，當然也要找出適合自己的吉方位。

●八白方位的吉方位利用法

包括到東北、八白迴座的吉方位旅行兩種情形。

在金錢運的部分曾經提到，八白吉方位旅行可提升購買所需要的金錢運。只要努力儲蓄，就能實現夢想。

到了旅行地要參拜寺廟，因為這是與寺廟有密切關係的方位。可以藉凝視庭院、喝茶、吃點心來打發時間。

這個方位可能受到傷害或與人發生爭吵，因此在旅行時間上必須留有餘裕。

穿白色衣服，享受一頓豐盛的晚餐、在席上喝葡萄酒等，也能開運。

反覆進行可同時提升不動產運和金錢運。因為具有「變化、改革」的運氣，有的人會同時改變自己的想法及工作內容。變化固然令人驚訝，但是請放心，因為這些變化都是為了你而產生的。

■提升學業、靈感——一白與北、三碧與東、九紫與南

現在已經不是殷勤誠懇才會被稱讚的時代了。以企業為例，具有企劃力、行動力的，才是符合現代需求的人才。姑且不論頭腦好壞，具有靈感或符合時代需要的感性，在現代特別需要。

直覺力通常是藉由人與神佛交流而產生。至於靈感，雖然不是任何事都非它不可，但碰到需要的時候，沒有它就是不行。

首先談到企劃——

巧妙地吸收東（三碧）與南（九紫）星的能量，參拜在這方位的神社，就能提升靈感。

根據家相理論，如果希望孩子靜心學習，則應充分使用北方位。此外，利用北方位能使

你成為企劃型的直覺人物。

要想具備企劃能力，還需要東與南的能量。至於一白迴座的方位及北方位，都是學業特別需要的能量。

●九紫方位的吉方位利用法

包括到南吉方位與九紫迴座吉方位旅行兩種情形。

南方位充滿美、藝術、靈感等力量。

而其火的作用，能夠一口氣燒去霉運，故吉方位旅行具有完美的效果。

在同一個月或一年內二度到南或九紫方位旅行，將可使力量倍增。與比自己年長的人同行，則效果更好。

到了旅行地應充分享受陽光，進行海水浴或室外運動。

也可盡情享受美酒及飲食。吃魚貝類可提升運氣。

服裝方面，要帶一件綠色或米黃色的衣服。到了旅行地後，如果有人邀你看電影或吃飯，只有白天可以答應，晚上是眺望星星、思考的時間。

最重要的是——旅行期間要每天到神社參拜一次，而且要儘可能選擇大神社。

如果是在海外，則面對太陽合掌膜拜。此外，對著星星祈禱也能開運。如果是在本國，則將吉位神社的護身符當成土產，回家後隨身攜帶。

當然，還要泡吉方位溫泉、喝吉方位銘水。

到海外旅行時，同一個地方不要去二次。反之，如果是在國內，同一方位去二次反而能增強運氣。

吉方位旅行的力量，因時間長短、次數多寡、距離遠近而有所不同。海外一般而言是遠距離，因此吉方位旅行只需一次就能充分發揮效果。

●三碧方位的吉方位利用法

包括東吉方位、三碧迴座吉方位旅行兩種情形。

在此必須借助神社的力量。

在旅行地或看電影或聽音樂，輕鬆地度過非常重要，而早睡早起，在清晨的陽光中散步，則是秘訣所在(請參照前面的敍述，活用一白與北的方位)。

以上就是實現小林流夢想的風水方位學理論的神髓。

後　記

我於一九八六年赴加拿大旅行時，想出了「大開運吉方位」的方法。另外要特別說明的一點是，一九七四年夏天，我在西北方位的八岳蓋了一棟別墅，結果證明非常有效。西北的力量很難吸收，但因後來經常有機會擔任神職侍奉神明，是以原本與父親緣薄的我，在別墅中卻有機會和父親好好聊天，並且以風水為基礎，學習家相、方位學等開運學。究其原因，主要是因西北有神佛加護及父親恩惠的力量。

拜別墅之賜，我與土地守護神諏訪大明神締結不解之緣。藉著這份緣分，我順利地進入了廣播業界。因此，我經常前去參拜。

一九九〇年十一月，我將自宅遷往年盤為九紫迴座的東南方位。這不僅僅考慮到方位問題，同時也為了徹底改變家相。以此為關鍵，我得以參與電視及出版業。現在電視台之所以經常邀請我上節目，就是因為將自宅遷移到東南的緣故。

為了充分吸收風水力量，一九九二年夏天，我下定決心到英、德、北歐等國展開一趟奢侈的吉方位旅行。後來所以能獲得支持，掀起開運熱、風水熱，現在則打算再創吉方位旅行熱，我想都是拜這趟旅行之賜。

為了提升力量，從加拿大邦阜溫泉回來後，於一九九四年十月，將事務所遷到東北鬼門方位，命為為「Copa辦公室」，作為我完成下一步驟的據點。

藉著風水方位術，我不斷地實現運勢大轉換。基於本身的經驗，從而獲得幸福。

一九八九年發行時不受重視的本書，如今居然重新裝訂、發行，令身為作者的我也感到非常驚訝。

謹在此向對我諸多照顧的出版社負責人、吉方位神明、我的風水啟蒙師父亡父昇太郎及各位讀者，致上感謝之意。

一九九四年十月

小林祥晃

大展出版社有限公司	圖書目錄
地址：台北市北投區11204 致遠一路二段12巷1號 郵撥： 0166955～1	電話：(02) 8236031 8236033 傳真：(02) 8272069

・法律專欄連載・電腦編號 58

台大法學院 法律學系／策劃
法律服務社／編著

①別讓您的權利睡著了1	200元
②別讓您的權利睡著了2	200元

・秘傳占卜系列・電腦編號 14

①手相術	淺野八郎著	150元
②人相術	淺野八郎著	150元
③西洋占星術	淺野八郎著	150元
④中國神奇占卜	淺野八郎著	150元
⑤夢判斷	淺野八郎著	150元
⑥前世、來世占卜	淺野八郎著	150元
⑦法國式血型學	淺野八郎著	150元
⑧靈感、符咒學	淺野八郎著	150元
⑨紙牌占卜學	淺野八郎著	150元
⑩ＥＳＰ超能力占卜	淺野八郎著	150元
⑪猶太數的秘術	淺野八郎著	150元
⑫新心理測驗	淺野八郎著	160元

・趣味心理講座・電腦編號 15

①性格測驗１	探索男與女	淺野八郎著	140元
②性格測驗２	透視人心奧秘	淺野八郎著	140元
③性格測驗３	發現陌生的自己	淺野八郎著	140元
④性格測驗４	發現你的真面目	淺野八郎著	140元
⑤性格測驗５	讓你們吃驚	淺野八郎著	140元
⑥性格測驗６	洞穿心理盲點	淺野八郎著	140元
⑦性格測驗７	探索對方心理	淺野八郎著	140元
⑧性格測驗８	由吃認識自己	淺野八郎著	140元
⑨性格測驗９	戀愛知多少	淺野八郎著	140元

⑩性格測驗10	由裝扮瞭解人心	淺野八郎著	140元
⑪性格測驗11	敲開內心玄機	淺野八郎著	140元
⑫性格測驗12	透視你的未來	淺野八郎著	140元
⑬血型與你的一生		淺野八郎著	140元
⑭趣味推理遊戲		淺野八郎著	140元

・婦 幼 天 地・電腦編號16

①八萬人減肥成果	黃靜香譯	150元
②三分鐘減肥體操	楊鴻儒譯	150元
③窈窕淑女美髮秘訣	柯素娥譯	130元
④使妳更迷人	成　玉譯	130元
⑤女性的更年期	官舒妍編譯	160元
⑥胎內育兒法	李玉瓊編譯	150元
⑦早產兒袋鼠式護理	唐岱蘭譯	200元
⑧初次懷孕與生產	婦幼天地編譯組	180元
⑨初次育兒12個月	婦幼天地編譯組	180元
⑩斷乳食與幼兒食	婦幼天地編譯組	180元
⑪培養幼兒能力與性向	婦幼天地編譯組	180元
⑫培養幼兒創造力的玩具與遊戲	婦幼天地編譯組	180元
⑬幼兒的症狀與疾病	婦幼天地編譯組	180元
⑭腿部苗條健美法	婦幼天地編譯組	150元
⑮女性腰痛別忽視	婦幼天地編譯組	150元
⑯舒展身心體操術	李玉瓊編譯	130元
⑰三分鐘臉部體操	趙薇妮著	160元
⑱生動的笑容表情術	趙薇妮著	160元
⑲心曠神怡減肥法	川津祐介著	130元
⑳內衣使妳更美麗	陳玄茹譯	130元
㉑瑜伽美姿美容	黃靜香編著	150元
㉒高雅女性裝扮學	陳珮玲譯	180元
㉓蠶糞肌膚美顏法	坂梨秀子著	160元
㉔認識妳的身體	李玉瓊譯	160元
㉕產後恢復苗條體態	居理安・芙萊喬著	200元
㉖正確護髮美容法	山崎伊久江著	180元

・青 春 天 地・電腦編號17

①A血型與星座	柯素娥編譯	120元
②B血型與星座	柯素娥編譯	120元
③O血型與星座	柯素娥編譯	120元
④AB血型與星座	柯素娥編譯	120元

⑤青春期性教室	呂貴嵐編譯	130元
⑥事半功倍讀書法	王毅希編譯	150元
⑦難解數學破題	宋釗宜編譯	130元
⑧速算解題技巧	宋釗宜編譯	130元
⑨小論文寫作秘訣	林顯茂編譯	120元
⑪中學生野外遊戲	熊谷康編著	120元
⑫恐怖極短篇	柯素娥編譯	130元
⑬恐怖夜話	小毛驢編譯	130元
⑭恐怖幽默短篇	小毛驢編譯	120元
⑮黑色幽默短篇	小毛驢編譯	120元
⑯靈異怪談	小毛驢編譯	130元
⑰錯覺遊戲	小毛驢編譯	130元
⑱整人遊戲	小毛驢編譯	150元
⑲有趣的超常識	柯素娥編譯	130元
⑳哦！原來如此	林慶旺編譯	130元
㉑趣味競賽100種	劉名揚編譯	120元
㉒數學謎題入門	宋釗宜編譯	150元
㉓數學謎題解析	宋釗宜編譯	150元
㉔透視男女心理	林慶旺編譯	120元
㉕少女情懷的自白	李桂蘭編譯	120元
㉖由兄弟姊妹看命運	李玉瓊編譯	130元
㉗趣味的科學魔術	林慶旺編譯	150元
㉘趣味的心理實驗室	李燕玲編譯	150元
㉙愛與性心理測驗	小毛驢編譯	130元
㉚刑案推理解謎	小毛驢編譯	130元
㉛偵探常識推理	小毛驢編譯	130元
㉜偵探常識解謎	小毛驢編譯	130元
㉝偵探推理遊戲	小毛驢編譯	130元
㉞趣味的超魔術	廖玉山編著	150元
㉟趣味的珍奇發明	柯素娥編著	150元
㊱登山用具與技巧	陳瑞菊編著	150元

•健 康 天 地• 電腦編號 18

①壓力的預防與治療	柯素娥編譯	130元
②超科學氣的魔力	柯素娥編譯	130元
③尿療法治病的神奇	中尾良一著	130元
④鐵證如山的尿療法奇蹟	廖玉山譯	120元
⑤一日斷食健康法	葉慈容編譯	120元
⑥胃部強健法	陳炳崑譯	120元
⑦癌症早期檢查法	廖松濤譯	130元

⑧老人痴呆症防止法	柯素娥編譯	130元
⑨松葉汁健康飲料	陳麗芬編譯	130元
⑩揉肚臍健康法	永井秋夫著	150元
⑪過勞死、猝死的預防	卓秀貞編譯	130元
⑫高血壓治療與飲食	藤山順豐著	150元
⑬老人看護指南	柯素娥編譯	150元
⑭美容外科淺談	楊啟宏著	150元
⑮美容外科新境界	楊啟宏著	150元
⑯鹽是天然的醫生	西英司郎著	140元
⑰年輕十歲不是夢	梁瑞麟譯	200元
⑱茶料理治百病	桑野和民著	180元
⑲綠茶治病寶典	桑野和民著	150元
⑳杜仲茶養顏減肥法	西田博著	150元
㉑蜂膠驚人療效	瀨長艮三郎著	150元
㉒蜂膠治百病	瀨長艮三郎著	150元
㉓醫藥與生活	鄭炳全著	160元
㉔鈣長生寶典	落合敏著	180元
㉕大蒜長生寶典	木下繁太郎著	160元
㉖居家自我健康檢查	石川恭三著	160元
㉗永恒的健康人生	李秀鈴譯	200元
㉘大豆卵磷脂長生寶典	劉雪卿譯	150元
㉙芳香療法	梁艾琳譯	160元
㉚醋長生寶典	柯素娥譯	元

•實用女性學講座•電腦編號 19

①解讀女性內心世界	島田一男著	150元
②塑造成熟的女性	島田一男著	150元
③女性整體裝扮學	黃靜香編著	180元
④職業婦女禮儀	黃靜香編著	180元

•校 園 系 列•電腦編號 20

①讀書集中術	多湖輝著	150元
②應考的訣竅	多湖輝著	150元
③輕鬆讀書贏得聯考	多湖輝著	150元
④讀書記憶秘訣	多湖輝著	150元
⑤視力恢復！超速讀術	江錦雲譯	180元

•實用心理學講座•電腦編號 21

①拆穿欺騙伎倆	多湖輝著	140元
②創造好構想	多湖輝著	140元
③面對面心理術	多湖輝著	140元
④僞裝心理術	多湖輝著	140元
⑤透視人性弱點	多湖輝著	140元
⑥自我表現術	多湖輝著	150元
⑦不可思議的人性心理	多湖輝著	150元
⑧催眠術入門	多湖輝著	150元
⑨責罵部屬的藝術	多湖輝著	150元
⑩精神力	多湖輝著	150元
⑪厚黑說服術	多湖輝著	150元
⑫集中力	多湖輝著	150元
⑬構想力	多湖輝著	150元
⑭深層心理術	多湖輝著	160元
⑮深層語言術	多湖輝著	160元
⑯深層說服術	多湖輝著	180元
⑰潛在心理術	多湖輝著	160元

•超現實心理講座•電腦編號 22

①超意識覺醒法	詹蔚芬編譯	130元
②護摩秘法與人生	劉名揚編譯	130元
③秘法！超級仙術入門	陸　明譯	150元
④給地球人的訊息	柯素娥編著	150元
⑤密教的神通力	劉名揚編著	130元
⑥神秘奇妙的世界	平川陽一著	180元
⑦地球文明的超革命	吳秋嬌譯	200元
⑧力量石的秘密	吳秋嬌譯	180元

•養 生 保 健•電腦編號 23

①醫療養生氣功	黃孝寬著	250元
②中國氣功圖譜	余功保著	230元
③少林醫療氣功精粹	井玉蘭著	250元
④龍形實用氣功	吳大才等著	220元
⑤魚戲增視強身氣功	宮　嬰著	220元
⑥嚴新氣功	前新培金著	250元
⑦道家玄牝氣功	張　章著	180元

⑧仙家秘傳袪病功	李遠國著	160元
⑨少林十大健身功	秦慶豐著	180元
⑩中國自控氣功	張明武著	250元
⑪醫療防癌氣功	黃孝寬著	220元
⑫醫療強身氣功	黃孝寬著	220元
⑬醫療點穴氣功	黃孝寬著	220元

•社會人智囊• 電腦編號 24

①糾紛談判術	清水增三著	160元
②創造關鍵術	淺野八郎著	150元
③觀人術	淺野八郎著	180元
④應急詭辯術	廖英迪編著	160元
⑤天才家學習術	木原武一著	160元
⑥猫型狗式鑑人術	淺野八郎著	180元
⑦逆轉運掌握術	淺野八郎著	180元

•精 選 系 列• 電腦編號 25

①毛澤東與鄧小平	渡邊利夫等著	280元
②中國大崩裂		180元

•心 靈 雅 集• 電腦編號 00

①禪言佛語看人生	松濤弘道著	180元
②禪密教的奧秘	葉逯謙譯	120元
③觀音大法力	田口日勝著	120元
④觀音法力的大功德	田口日勝著	120元
⑤達摩禪106智慧	劉華亭編譯	150元
⑥有趣的佛教研究	葉逯謙編譯	120元
⑦夢的開運法	蕭京凌譯	130元
⑧禪學智慧	柯素娥編譯	130元
⑨女性佛教入門	許俐萍譯	110元
⑩佛像小百科	心靈雅集編譯組	130元
⑪佛教小百科趣談	心靈雅集編譯組	120元
⑫佛教小百科漫談	心靈雅集編譯組	150元
⑬佛教知識小百科	心靈雅集編譯組	150元
⑭佛學名言智慧	松濤弘道著	220元
⑮釋迦名言智慧	松濤弘道著	220元
⑯活人禪	平田精耕著	120元
⑰坐禪入門	柯素娥編譯	120元

⑱現代禪悟	柯素娥編譯	130元
⑲道元禪師語錄	心靈雅集編譯組	130元
⑳佛學經典指南	心靈雅集編譯組	130元
㉑何謂「生」　阿含經	心靈雅集編譯組	150元
㉒一切皆空　般若心經	心靈雅集編譯組	150元
㉓超越迷惘　法句經	心靈雅集編譯組	130元
㉔開拓宇宙觀　華嚴經	心靈雅集編譯組	130元
㉕真實之道　法華經	心靈雅集編譯組	130元
㉖自由自在　涅槃經	心靈雅集編譯組	130元
㉗沈默的教示　維摩經	心靈雅集編譯組	150元
㉘開通心眼　佛語佛戒	心靈雅集編譯組	130元
㉙揭秘寶庫　密教經典	心靈雅集編譯組	130元
㉚坐禪與養生	廖松濤譯	110元
㉛釋尊十戒	柯素娥編譯	120元
㉜佛法與神通	劉欣如編著	120元
㉝悟（正法眼藏的世界）	柯素娥編譯	120元
㉞只管打坐	劉欣如編譯	120元
㉟喬答摩・佛陀傳	劉欣如編著	120元
㊱唐玄奘留學記	劉欣如編譯	120元
㊲佛教的人生觀	劉欣如編譯	110元
㊳無門關（上卷）	心靈雅集編譯組	150元
㊴無門關（下卷）	心靈雅集編譯組	150元
㊵業的思想	劉欣如編著	130元
㊶佛法難學嗎	劉欣如著	140元
㊷佛法實用嗎	劉欣如著	140元
㊸佛法殊勝嗎	劉欣如著	140元
㊹因果報應法則	李常傳編	140元
㊺佛教醫學的奧秘	劉欣如編著	150元
㊻紅塵絕唱	海　若著	130元
㊼佛教生活風情	洪丕謨、姜玉珍著	220元
㊽行住坐臥有佛法	劉欣如著	160元
㊾起心動念是佛法	劉欣如著	160元
㊿四字禪語	曹洞宗青年會	200元
(51)妙法蓮華經	劉欣如編著	160元

・經 營 管 理・電腦編號01

◎創新經營管理六十六大計（精）	蔡弘文編	780元
①如何獲取生意情報	蘇燕謀譯	110元
②經濟常識問答	蘇燕謀譯	130元
③股票致富68秘訣	簡文祥譯	200元

④台灣商戰風雲錄	陳中雄著	120元
⑤推銷大王秘錄	原一平著	180元
⑥新創意・賺大錢	王家成譯	90元
⑦工廠管理新手法	琪　輝著	120元
⑧奇蹟推銷術	蘇燕謀譯	100元
⑨經營參謀	柯順隆譯	120元
⑩美國實業24小時	柯順隆譯	80元
⑪撼動人心的推銷法	原一平著	150元
⑫高竿經營法	蔡弘文編	120元
⑬如何掌握顧客	柯順隆譯	150元
⑭一等一賺錢策略	蔡弘文編	120元
⑯成功經營妙方	鐘文訓著	120元
⑰一流的管理	蔡弘文編	150元
⑱外國人看中韓經濟	劉華亭譯	150元
⑲企業不良幹部群相	琪輝編著	120元
⑳突破商場人際學	林振輝編著	90元
㉑無中生有術	琪輝編著	140元
㉒如何使女人打開錢包	林振輝編著	100元
㉓操縱上司術	邑井操著	90元
㉔小公司經營策略	王嘉誠著	160元
㉕成功的會議技巧	鐘文訓編譯	100元
㉖新時代老闆學	黃柏松編著	100元
㉗如何創造商場智囊團	林振輝編譯	150元
㉘十分鐘推銷術	林振輝編譯	120元
㉙五分鐘育才	黃柏松編譯	100元
㉚成功商場戰術	陸明編譯	100元
㉛商場談話技巧	劉華亭編譯	120元
㉜企業帝王學	鐘文訓譯	90元
㉝自我經濟學	廖松濤編譯	100元
㉞一流的經營	陶田生編著	120元
㉟女性職員管理術	王昭國編譯	120元
㊱ＩＢＭ的人事管理	鐘文訓編譯	150元
㊲現代電腦常識	王昭國編譯	150元
㊳電腦管理的危機	鐘文訓編譯	120元
㊴如何發揮廣告效果	王昭國編譯	150元
㊵最新管理技巧	王昭國編譯	150元
㊶一流推銷術	廖松濤編譯	150元
㊷包裝與促銷技巧	王昭國編譯	130元
㊸企業王國指揮塔	松下幸之助著	120元
㊹企業精銳兵團	松下幸之助著	120元
㊺企業人事管理	松下幸之助著	100元

㊻華僑經商致富術	廖松濤編譯	130元
㊼豐田式銷售技巧	廖松濤編譯	120元
㊽如何掌握銷售技巧	王昭國編著	130元
㊿洞燭機先的經營	鐘文訓編譯	150元
52新世紀的服務業	鐘文訓編譯	100元
53成功的領導者	廖松濤編譯	120元
54女推銷員成功術	李玉瓊編譯	130元
55ＩＢＭ人才培育術	鐘文訓編譯	100元
56企業人自我突破法	黃琪輝編著	150元
58財富開發術	蔡弘文編著	130元
59成功的店舖設計	鐘文訓編著	150元
61企管回春法	蔡弘文編著	130元
62小企業經營指南	鐘文訓編譯	100元
63商場致勝名言	鐘文訓編譯	150元
64迎接商業新時代	廖松濤編譯	100元
66新手股票投資入門	何朝乾　編	180元
67上揚股與下跌股	何朝乾編譯	180元
68股票速成學	何朝乾編譯	180元
69理財與股票投資策略	黃俊豪編著	180元
70黃金投資策略	黃俊豪編著	180元
71厚黑管理學	廖松濤編譯	180元
72股市致勝格言	呂梅莎編譯	180元
73透視西武集團	林谷燁編譯	150元
76巡迴行銷術	陳蒼杰譯	150元
77推銷的魔術	王嘉誠譯	120元
7860秒指導部屬	周蓮芬編譯	150元
79精銳女推銷員特訓	李玉瓊編譯	130元
80企劃、提案、報告圖表的技巧	鄭　汶　譯	180元
81海外不動產投資	許達守編譯	150元
82八百伴的世界策略	李玉瓊譯	150元
83服務業品質管理	吳宜芬譯	180元
84零庫存銷售	黃東謙編譯	150元
85三分鐘推銷管理	劉名揚編譯	150元
86推銷大王奮鬥史	原一平著	150元
87豐田汽車的生產管理	林谷燁編譯	150元

・成功寶庫・電腦編號 02

①上班族交際術	江森滋著	100元
②拍馬屁訣竅	廖玉山編譯	110元
④聽話的藝術	歐陽輝編譯	110元

⑨求職轉業成功術	陳　義編著	110元
⑩上班族禮儀	廖玉山編著	120元
⑪接近心理學	李玉瓊編著	100元
⑫創造自信的新人生	廖松濤編著	120元
⑭上班族如何出人頭地	廖松濤編著	100元
⑮神奇瞬間瞑想法	廖松濤編譯	100元
⑯人生成功之鑰	楊意苓編著	150元
⑱潛在心理術	多湖輝　著	100元
⑲給企業人的諍言	鐘文訓編著	120元
⑳企業家自律訓練法	陳　義編譯	100元
㉑上班族妖怪學	廖松濤編著	100元
㉒猶太人縱橫世界的奇蹟	孟佑政編著	110元
㉓訪問推銷術	黃静香編著	130元
㉕你是上班族中強者	嚴思圖編著	100元
㉖向失敗挑戰	黃静香編著	100元
㉙機智應對術	李玉瓊編著	130元
㉚成功頓悟100則	蕭京凌編譯	130元
㉛掌握好運100則	蕭京凌編譯	110元
㉜知性幽默	李玉瓊編譯	130元
㉝熟記對方絕招	黃静香編譯	100元
㉞男性成功秘訣	陳蒼杰編譯	130元
㊱業務員成功秘方	李玉瓊編著	120元
㊲察言觀色的技巧	劉華亭編著	130元
㊳一流領導力	施義彥編譯	120元
㊴一流說服力	李玉瓊編著	130元
㊵30秒鐘推銷術	廖松濤編譯	150元
㊶猶太成功商法	周蓮芬編譯	120元
㊷尖端時代行銷策略	陳蒼杰編著	100元
㊸顧客管理學	廖松濤編著	100元
㊹如何使對方說Yes	程　羲編著	150元
㊺如何提高工作效率	劉華亭編著	150元
㊼上班族口才學	楊鴻儒譯	120元
㊽上班族新鮮人須知	程　羲編著	120元
㊾如何左右逢源	程　羲編著	130元
㊿語言的心理戰	多湖輝著	130元
(51)扣人心弦演說術	劉名揚編著	120元
(53)如何增進記憶力、集中力	廖松濤譯	130元
(55)性惡企業管理學	陳蒼杰譯	130元
(56)自我啟發200招	楊鴻儒編著	150元
(57)做個傑出女職員	劉名揚編著	130元
(58)靈活的集團營運術	楊鴻儒編著	120元

⑥⓪個案研究活用法	楊鴻儒編著	130元
⑥①企業教育訓練遊戲	楊鴻儒編著	120元
⑥②管理者的智慧	程　義編譯	130元
⑥③做個佼佼管理者	馬筱莉編譯	130元
⑥④智慧型說話技巧	沈永嘉編譯	130元
⑥⑥活用佛學於經營	松濤弘道著	150元
⑥⑦活用禪學於企業	柯素娥編譯	130元
⑥⑧詭辯的智慧	沈永嘉編譯	150元
⑥⑨幽默詭辯術	廖玉山編譯	150元
⑦⓪拿破崙智慧箴言	柯素娥編譯	130元
⑦①自我培育・超越	蕭京凌編譯	150元
⑦④時間即一切	沈永嘉編譯	130元
⑦⑤自我脫胎換骨	柯素娥譯	150元
⑦⑥贏在起跑點—人才培育鐵則	楊鴻儒編譯	150元
⑦⑦做一枚活棋	李玉瓊編譯	130元
⑦⑧面試成功戰略	柯素娥編譯	130元
⑦⑨自我介紹與社交禮儀	柯素娥編譯	150元
⑧⓪說NO的技巧	廖玉山編譯	130元
⑧①瞬間攻破心防法	廖玉山編譯	120元
⑧②改變一生的名言	李玉瓊編譯	130元
⑧③性格性向創前程	楊鴻儒編譯	130元
⑧④訪問行銷新竅門	廖玉山編譯	150元
⑧⑤無所不達的推銷話術	李玉瓊編譯	150元

・處 世 智 慧・電腦編號03

①如何改變你自己	陸明編譯	120元
②人性心理陷阱	多湖輝著	90元
④幽默說話術	林振輝編譯	120元
⑤讀書36計	黃柏松編譯	120元
⑥靈感成功術	譚繼山編譯	80元
⑧扭轉一生的五分鐘	黃柏松編譯	100元
⑨知人、知面、知其心	林振輝譯	110元
⑩現代人的詭計	林振輝譯	100元
⑫如何利用你的時間	蘇遠謀譯	80元
⑬口才必勝術	黃柏松編譯	120元
⑭女性的智慧	譚繼山編譯	90元
⑮如何突破孤獨	張文志編譯	80元
⑯人生的體驗	陸明編譯	80元
⑰微笑社交術	張芳明譯	90元
⑱幽默吹牛術	金子登著	90元

國立中央圖書館出版品預行編目資料

新・大開運吉方位／小林祥晃著；吳秋嬌譯
——初版——臺北市：大展，民84
面；　公分，——（命理與預言；46）
譯自：新・大開運吉方位
ISBN 957-557-559-8（平裝）

1.相宅

294.1　　84012139

SHIN DAIKAIUNKIPPOUI

Originally published in Japan in 1994 by
KOSAIDO SHUPPAN CO., LTD..
Chinese translation rights arranged through
TOHAN CORPORATION, TOKYO
and KEIO Cultural Enterprise Co., LTD

ISBN 957-557-559-8

新・大開運吉方位

原著者／小林祥晃
編譯者／吳秋嬌
發行人／蔡森明
出版者／大展出版社有限公司
社址／台北市北投區（石牌）
致遠一路二段12巷1號
電話／(02) 8236031・8236033
傳眞／(02) 8272069
郵政劃撥／0166955－1
登記證／局版臺業字第2171號
承印者／國順圖書印刷公司
裝訂／嶸興裝訂有限公司
排版者／千賓電腦打字有限公司
電話／（02）8836052
初版／1995年（民84年）12月
定價／200元

大展好書 好書大展

大展好書 好書大展